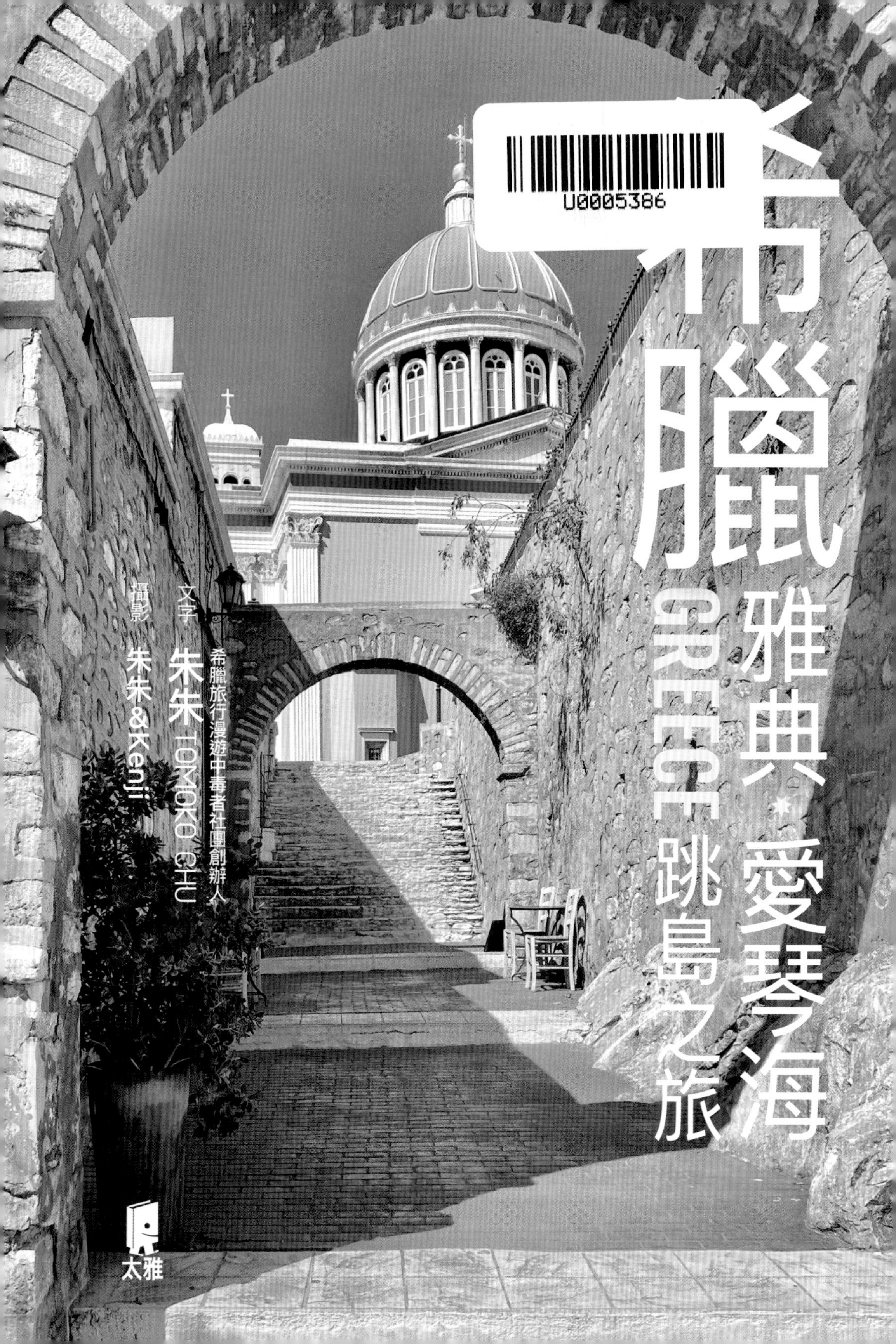
希臘
GREECE
雅典・愛琴海
跳島之旅
文字 朱朱 TOMOKO CHU
希臘旅行漫遊中毒者社團創辦人
攝影 朱朱&Kenji
太雅

CONTENTS 目錄

你爲什麼想去希臘旅行？

來希臘吃什麼最道地？

希臘的品味與生活

希臘首都雅典

中部山城

出發吧！前進希臘小島

用 Greek soul inside 的心情玩希臘

朱朱 Tomoko Chu

希臘旅行漫遊中毒者臉書社團創辦人

從小的志願就是長大後要到處吃喝玩樂，文化大學觀光系畢業前順利考取領隊執照，第一份工作在旅行社擔任批售業務。之後也曾在非凡電視台擔任廣告業務，成長許多賺到不少錢，也因此開啟了歐洲童話旅程，爽玩歐洲數十個國家。

幾年後，再次回到旅遊業，踏上了職人領隊的人生。帶團已經近 10 年的資歷，4 ～ 10 月每個月都會帶團去希臘，前後造訪希臘觀光勝地少說有 30 ～ 40 次。因為討論希臘旅遊資訊的書籍和網路資料並不多，因此成立「希臘旅行漫遊中毒者」社團，希望讓希臘愛好者有交流的平台。

作者序

說真的，我沒想過我會出一本希臘旅遊書，雖然我真的很愛希臘，並且成「希臘旅行漫遊中毒者」社團，三不五時就在看希臘各地情報，追蹤當地店家，熟悉的程度勝過我自己的居住的地方。

我前後去希臘觀光勝地的次數少說有 3 ～ 40 次，自己一個人去過，也跟男朋友 (現在的先生) 同遊過，之後更帶著我 5 個月大的男寶一起遊玩，許多時候也是因為帶團而去。

我認為，希臘無論是自由行或是跟團形式都非常適合，它是一個要很放輕鬆玩的國家，規劃時要越空越好，「慢」就是它的特色，小島上觀光區真的是有種不切實際生活的虛幻感，你所看到都是呈現最開心、最完美的那一面，這也是為什麼每年夏天吸引大批觀光客去擠爆各小島。

雖然上帝賜給希臘無限美好的觀光資源，但希臘觀光特色說好聽點就是「亂」中有序，每年都有不一樣的轉變，即便觀光這麼興盛，但規劃真的是有夠特別，但是希臘人的熱情與真誠，總讓旅客有種溫馨被照顧的感覺，希望讀者看完這本書，跟我一起愛上希臘，玩出你的希臘魂！

黃士元 永信生活旅遊事業集團董事長

讀這本書時感受到擁抱愛琴海的微風，歷經歷史的流轉，在神話交織的國度裡，探索希臘不為人知的奧祕之美，找到希臘旅遊最美好的一面。

張巍耀 鳳凰旅行社董事長

希臘旅行的魅力在於探索與發現，透過這本書，我們得以以全新的角度體驗希臘，感受它的歷史深度和文化豐富性。

吳招興 可樂旅遊旅行社產品部副總經理

作為一位旅遊工作者，我熱烈推薦《希臘雅典．愛琴海跳島之旅》。本書是一份實用的旅行手冊，深入淺出地介紹了希臘的經典古跡和隱世美景。

應曉琦 希臘 GCV 亞太旅遊發展總監

我住在當地，對於希臘旅遊再熟悉也不過，《希臘雅典．愛琴海跳島之旅》這本書不僅是一本旅遊指南，更是一次深度的文化饗宴，值得每位愛好旅行的讀者細細品味。

陳志光 經濟日報資深記者暨商業組組長

希臘，這片擁有悠久歷史與豐饒文化的土地深深吸引著我。讓我們透過這本書，一起踏上尋找智慧與美的旅程，感受希臘給予靈魂的洗禮。

黃至瑋 好漾旅遊產品發展總監 / 旅遊網站：Gttp 旅食匠出走知識庫創辦人

透過鏡頭與筆觸，有跟作者一起同遊的感覺！真想再去一趟希臘。

太雅旅遊書提供地圖讓旅行更便利

地圖採兩種形式：紙本地圖或電子地圖，若是提供紙本地圖，會直接繪製在書上，並無另附電子地圖；若採用電子地圖，則將書中介紹的景點、店家、餐廳、飯店，標示於 Google Map，並提供地圖 QR code 供讀者快速掃描、確認位置，還可結合手機上路線規畫、導航功能，安心前往目的地。

提醒您，若使用本書提供的電子地圖，出發前請先下載成離線地圖，或事先印出，避免旅途中發生網路不穩定或無網路狀態。

出發前，請再次確認旅遊資訊

出發前，請記得利用書上提供的通訊方式再次確認。希臘旅遊季節分明，小島上以觀光客為主的商店及餐廳，旺季 (5~10 月) 營業時間較不受假日或國定假日影響，淡季 (11~3 月) 普遍都不開門，4 月會陸續開始營業；大型超市購物中心，週日休息，跟著國定假日放假，城市會遇到下午午休時段，因營業時間太多變化，書內並無明確標示出營業時間，但讀者可按照這樣的邏輯去安排。

資訊不代表對服務品質的背書

本書作者所提供的飯店、餐廳、商店等等資訊，是作者個人經歷或採訪獲得的資訊，本書作者盡力介紹有特色與價值的旅遊資訊，但是過去有讀者因為店家或機構服務態度不佳，而產生對作者的誤解。敝社申明，「服務」是一種「人為」，作者無法為所有服務生或任何機構的職員背書他們的品行，甚或是費用與服務內容也會隨時間調動，所以，因時因地因人，可能會與作者的體會不同，這也是旅行的特質。

新版與舊版

太雅旅遊書中銷售穩定的書籍，會不斷修訂再版，修訂時，還區隔紙本與網路資訊的特性，在知識性、消費性、實用性、體驗性做不同比例的調整，太雅編輯部會不斷更新我們的策略，並在此園地說明。您也可以追蹤太雅 IG 跟上我們改變的腳步。

taiya.travel.club

票價震盪現象

越受歡迎的觀光城市，參觀門票和交通票券的價格，越容易調漲，特別 Covid-19 疫情後全球通膨影響，若出現跟書中的價格有落差，請以平常心接受。**希臘觀光人潮，年年倍增，政府已預告 2025 年會調漲觀光景點票價。**

謝謝眾多讀者的來信

過去太雅旅遊書，透過非常多讀者的來信，得知更多的資訊，甚至幫忙修訂，非常感謝大家的熱心與愛好旅遊的熱情。歡迎讀者將所知道的變動訊息，善用我們的「線上回函」或直接寄到 taiya@morningstar.com.tw，讓華文旅遊者在世界成為彼此的幫助。

希臘旅遊地圖

大家都知道希臘首都叫雅典，但它在希臘哪呀？
旅遊前先了解希臘各景點地理位置，
規畫行程就簡單多囉！

賽薩洛尼基 (Thessaloniki)
希臘大二大城

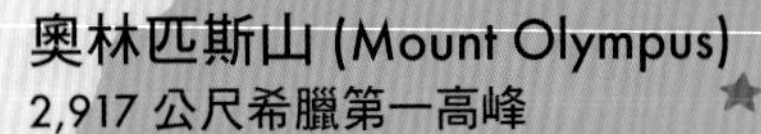

奧林匹斯山 (Mount Olympus)
2,917 公尺希臘第一高峰

梅提歐拉 (Meteora)
不可思議的絕景

卡蘭巴卡 (Kalambaka)

阿拉霍瓦 (Arachova)
韓劇《太陽的後裔》拍攝小山城

凱法利尼亞島 (Kefalonia)

德爾菲 (Delphi)
古希臘世界的中心

邁錫尼 (Mycenae)

札金索斯島 (Zakynthos)
沒到過這別說你看過最美的海

納夫普利翁 (Nafplio)
希臘第一個首都

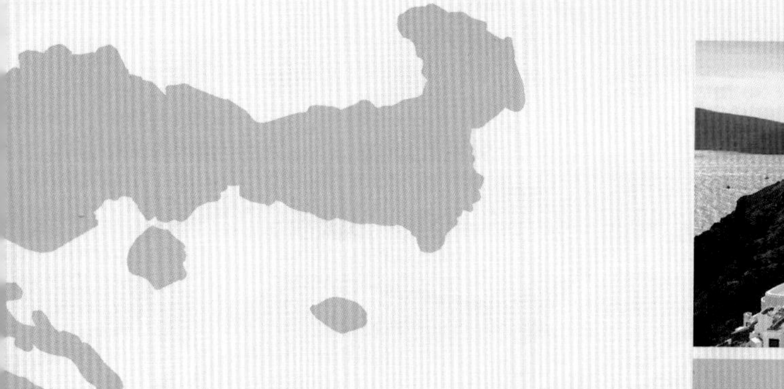

斯基亞索斯島 (Skiathos)&
斯科派洛斯島 (Skopelos)
電影《媽媽咪呀！》拍攝小島

拉斐那
(Rafina)
搭渡輪港口

希臘 (Athens) 希臘的首都

比雷埃夫斯
(Piraeus)
搭渡輪港口

米克諾斯 (Mykonos)
PARTY 狂歡小島

帕羅斯
(Paros)

奈克索斯島
(Naxos)

聖托里尼 (Santorini)
藍與白的代名詞

羅德島
(Rhodes)

克里特島 (Crete)
宙斯誕生地

你爲什麼想去希臘旅行？

旅人們夢想清單，此生必遊！

度蜜月來希臘耍浪漫保你幸福一輩子
希臘的太陽曬起來就是不一樣
希臘古文明遺跡不朝聖怎麼行
有心事就來藍白世界放空散心
超嚮往藍與白的世界，感受小島的驚人魅力，
一輩子一定要看一次愛琴海藍，美得誇張！

身為希臘人，我驕傲！

許多講述西方歷史的文章，都喜歡用「古希臘文明是西方文明的搖籃」作為經典開場白。然而，文明之前最早的世界呢？其實也如希臘神話中描述，從混沌狀態轉化成地、天、諸神等，開端也和古希臘神話脫離不了關係。

古希臘人發展出最早的西方柱式建築，至今仍是許多建築模仿的基礎；城邦實行民主政治帶動思想革命；蘇格拉底、柏拉圖等哲學家名言流傳千古；以及，象徵世界各國和平和友誼的奧林匹克運動會，都是從古希臘時期留下來的代表作。如果你是希臘人，能不驕傲嗎？

兩本書瞭解古希臘神話！

《不懂神話，就只能看裸體了啊》

- 作者：顧爺
- 出版社：原點
- 出版日期：2023/03/15

作者用一種「靠北邊走」的生動口吻，讓人非常有畫面，一翻開就停不下來。

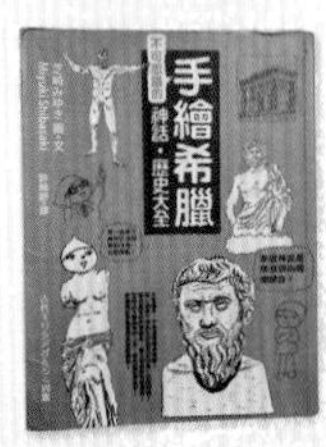

《手繪希臘不可思議的神話・歷史大全》

- 作者：芝崎みゆき
- 出版社：如果出版
- 出版日期：2012/07/03

日本導遊用簡單易懂的手繪風，讓讀者輕鬆閱讀讓無聊的歷史不Boring。

到處都可以看到飄揚的國旗，就知道希臘人有多愛國

希臘人怎麼過一天？

希臘人普遍生活都還滿規律的，早上早起出發去工作，中午不超過 1 點不會吃午餐，假日甚至到下午 3 點才吃午餐也不奇怪。

他們一天當中最重要的事就是午休時間，所以可以看到商店下午 2 點半～ 5、6 點掛著大大 CLOSE 的牌子，而晚餐可是 8、9 點過後的事。

當然，若不來點夜生活就遜掉了，三五好友群聚各式酒吧聊天、飲酒、跳舞，直至凌晨，一天才正式落幕。

這樣看起來希臘人還真會過生活，更說明他們是為了生活而工作，而不是為了工作而生活！

喝咖啡聊是非

到希臘走一趟會發現，滿街上都是各式各樣特色咖啡廳，從早到晚都不缺人潮，每個人幾乎都是點一杯咖啡坐上很久。而且客人大多不會是一個人，他們喜歡成群結伴，因為比起喝咖啡更重要的是聊天八卦一下，畢竟從蘇格拉底時代，男人們就很愛聚集在古市集談論政治、宣揚理念。

對於現代人來說，則是可以利用午休的時間，藉由喝咖啡串聯起人與人的情感交流，也讓自己紓壓一下。

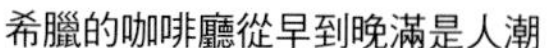

希臘的咖啡廳從早到晚滿是人潮

希臘人做事為何總是這麼慢？

希臘人的「悠閒」是出了名的——慢慢來比較快，凡事不要急。這是一種生活方式，和我們習慣的做事要積極有效率、時間就是金錢的觀念是南轅北轍。

只能說上輩子有燒好香，古希臘人在 2,500 年前留下許多神廟遺跡，上帝又賜予他們無可取代的自然環境，擁有曬起來就是不一樣的太陽，美到不可思議的地中海，每年吸引大批人潮，賺進許多觀光財。再加上希臘人的生活哲學，重視生活情趣、及時行樂，基本上可以隨自己的心意過想過的人生。

希臘國旗有四條白線交錯著五條藍線，象徵著「不自由毋寧死」，雖然希臘人做事比較沒有效率，但是對待觀光客的熱情和友善程度，可是不輸給任何人。

希臘哲學家柏拉圖說：「決定一個人心情的，不在環境，而在於心境。」所以當你在希臘旅行時請先把時間調整為希臘時間，悠哉地享受慢活時光，千萬別太要求效率這件事。

即便工作不講求效率但熱情的微笑永遠掛臉上

大部分希臘人工作起來還是很認真

習慣希臘的亂

在希臘走跳多年，最令人驚訝的就是，雖然希臘觀光強盛，但許多觀光規畫流程卻令人傻眼。舉例來說：跳島旅行需要搭船，但是碼頭標示相當不清楚，若沒經驗真不知道要去幾號上船。而且船班若是 Delay，現場不會有通知，更有趣的是某些上船才驗票，萬一搭錯船不就 GG 了！更別說，碼頭上下船的人潮和車潮同時移動時，彷彿上演逃難的景象。

在歐洲通常只要行人站在斑馬線上，車子再遠再快都會停下來，但在希臘千萬不要太相信行人優先這件事。行人過馬路也要非常小心，某些紅燈秒數異常地短，只能奉勸希臘旅遊新手，期待度要降低一點，心情要放輕鬆一點，以免掃了旅遊興致。

另外，一年當中 5 ～ 10 月小島旅遊旺季，許多人會遠離家鄉到熱門觀光小島上，從事高工時、高報酬的工作，也因此每年都會換不同的人來到島上工作，因此建議遊客對於服務細緻度，也請平常心看待。

一年上島連續工作5～6個月不休息

等船時有任何疑問，可以詢問海巡

船艙行李空間不足，行李箱隨意堆放

在碼頭等船時，時刻注意船兒從哪來

來希臘
吃什麼最道地？

全世界最健康，吃得到食材的原味——地中海飲食

希臘料理在多數人心中並沒有強烈的印象，但講到「地中海飲食」大家都知道是以健康為主軸的飲食概念，著重攝取大量的新鮮蔬果、堅果類、豆類、全穀類以及海鮮等，調味則以香芹、迷迭香、羅勒等為主，另外不可缺少檸檬和橄欖油來增添香氣與滑順口感。

雖然視覺上看起來並不精緻，但實在的用料以及沒有過多的加工，能夠將食材原汁原味完整呈現，這就是希臘料理美味的祕訣。

希臘傳統料理

希臘傳統料理在賣相上，或許比不上法式料理或中華料理能夠帶給食客視覺上的饗宴，但是樸質的背後代表越來越多人追求健康，簡單的食物吃起來卻不簡單有層次。

道地傳統菜色

只要到家庭料理餐廳，就一定會有以下基本菜色，跟當地人聚餐，也是餐桌上會出現的家常食物。

希臘沙拉

Χωριάτικη/ Greek salad

鮮蔬上淋上橄欖油、醋，撒上奧勒岡和橄欖，放上一大塊羊乳酪 (Feta Cheese)，是一道天天吃都不會膩的清爽沙拉。

慕沙卡千層派

Μουσακάς/Moussaka

將切碎的羊肉或牛肉，和茄子、黃瓜片或馬鈴薯疊成多層，加上奶油白醬 (Bechamel Sauce) 及起司一起焗烤，能不好吃嗎？

菠菜派

Σπανακόπιτα/Spanakopita

薄酥脆的外皮 (Phyllo) 包著菠菜、洋蔥和香料，和 Feta 碎塊起司攪拌在一起，一口咬下各種食材的美味在口中散開！

炸櫛瓜餅

Κολοκυθάκια γεμιστά/Fried Zucchinis

櫛瓜磨碎或打成泥，拌入新鮮蒔蘿、薄荷和綜合香料，放到油鍋內油炸，吃起來有 QQ 的口感。

炸乳酪
Σαγανάκι / saganaki

光看名稱就知道這是一道邪惡的食物。一大塊乾酪放在小煎鍋油炸，使表面炸到焦香，擠上一點檸檬汁提味，簡單的開胃菜開啟你的味蕾。

葡萄葉包飯
Ντολμαδάκια γιαλαντζί / Dolmades

內餡食材和 Gemista 用料大同小異，多添加了香菜、蒔蘿等香料，用葡萄葉包覆捲起來燉煮，搭配希臘優格一起享用，不吃吃看不知道到底是什麼滋味的奇妙食物。

番茄／青椒鑲飯
Γεμιστά / Gemista

希臘盛產番茄與青椒，善於發揮食材原味的希臘人，將內部挖空後再塞入用番茄果肉、薄荷葉和橄欖油等炒過的米飯，地中海蔬菜的鮮甜滋味一網打盡。

烤時蔬
λαχανικό / Grilled vegetables

將有大量水分及甜味的彩椒和茄子，稍微烤一下讓水分收乾，再加上微酸微甜的巴薩米克醋膏，相當爽口。

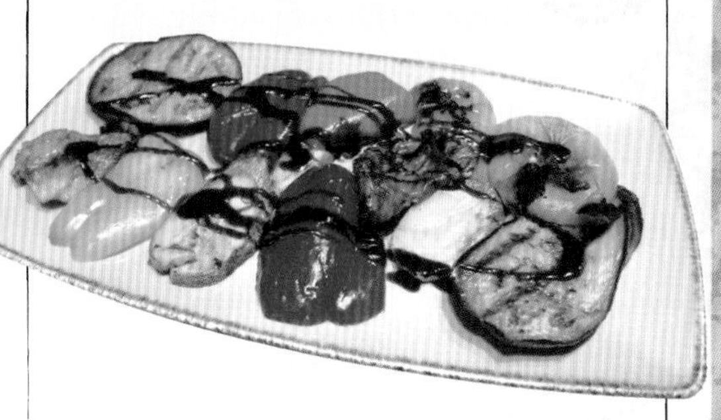

烤章魚腳
Χταπόδι ψητό / Grilled Octopus

希臘盛產又大又香甜的番茄與青椒，善於發揮食材原味的希臘人，將內部挖空後再塞入用番茄果肉、薄荷葉和橄欖油等拌炒過的米飯，將地中海蔬菜的鮮甜滋味一網打盡。

炸花枝
Καλαμαράκια τηγανητά / Fried calamari

海鮮拼盤
θαλασσινά / MIXED SEAFOOD

到小島上絕不能錯過視覺味覺都享受的海鮮拼盤！大蝦、淡菜、整條烤魚通通來報到，豪華版會用霸氣的龍蝦當主角，一端上桌食客都會發出「哇」的驚嘆聲。

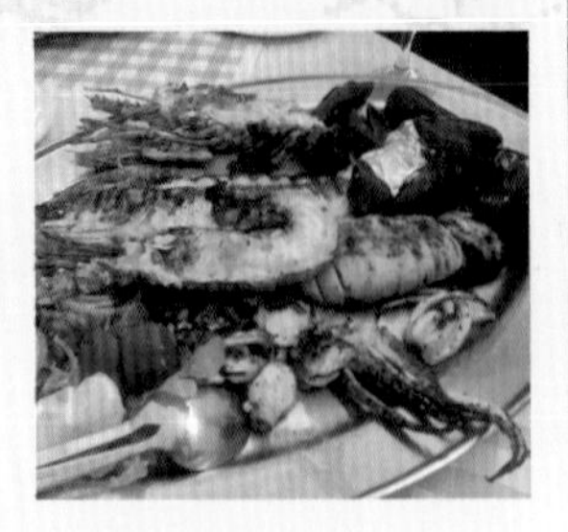

海鮮義大利麵
Σπαγγέτι με θαλασσινά / Seafood spaghetti

義大利麵有什麼稀奇，到哪都吃得到，重點是放在上面超狂的海鮮主角，在希臘不夠大隻還不能當主角呢！而且義大利麵也較不容易踩雷，喜歡安全牌的點這道就對了。

各式沙拉泥

身為「醬醬愛好者」的希臘民族，有各式各樣奇特的醬料等著你來嘗嘗看！

茄子泥
Μελιτζανοσαλάτα / Eggplant Dip

由烤或燒焦的茄子、大蒜、洋蔥、橄欖油、檸檬汁和歐芹製成，搭配皮塔餅或硬麵包一起食用。

優格黃瓜醬
Τζατζίκι / Tzatziki

可搭配麵包和肉類一起享用，也是增添街頭小吃 Gyros 風味的重要配醬。

蠶豆泥
Φάβα / Fava

將聖多里尼島的火山土壤種植出來的蠶豆 (Fava Bean)，煮成黃色泥狀，除了可以搭配麵包，某些餐廳也會將它當成烤章魚的蘸醬。

希臘人無肉不歡

希臘畜牧業以飼養羊為主，到希臘絕對不可錯過的肉類料理便是帶骨烤羊排，不敢吃羊的一定要嘗試看看，相信會令你驚豔！

烤羊排

Παϊδάκια αρνίσια / Lamb Chops

新鮮的羊肉鮮嫩多汁，放在烤爐上烤到外皮微微焦香酥脆，重點是沒有羊騷味，喜歡吃羊肉的遊客會感到很幸福。

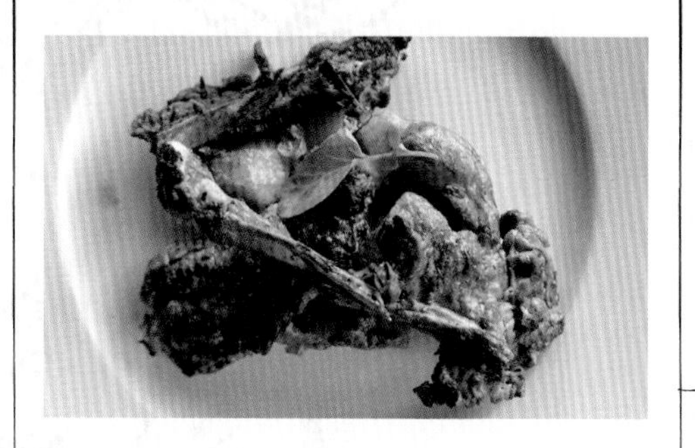

燉牛肉

Μοσχάρι γιουβέτσι / Beef orzo

以番茄醬汁為基底燉煮的牛肉，搭配長米形狀的義大利麵 Orzo Pasta，裝在陶鍋的容器內放進烤箱，等醬汁收乾後撒上磨碎的羊奶酪。

燉羊膝

Αρνίσια κότσια / Lamb shank

羊膝肉燉煮後撈起，接著以多種香料調味，在平底鍋中煎 2 分鐘，能夠保有羊肉的鮮嫩與甜美，並且讓肉汁收入羊膝中。煎完之後放入高湯內燜煮一個半小時，讓高湯鮮美滋味煮入羊膝。吃起來肉質軟嫩，膠質豐富，沒有羊膻味，美味不在話下。

燒烤肉串捲餅

Γύρος / Τυλιχτά / Souvlaki / Gyros

人手一捲隨處可見的街邊人氣美食，希臘走到哪都一堆賣 Gyros 的快餐店，除了是當地人打發一餐的好選擇，經濟實惠的價格和豐富的配料，也很受到觀光客的青睞。

希臘傳統點心&咖啡

請注意，希臘甜點眞的很甜！是連螞蟻人也受不了的甜度，但是甜點不甜怎麼能稱之爲甜點？

糖漬杏仁核桃糕餅

Καταΐφι/Kataifi

外表包裹一絲絲的糖酥，內餡有杏仁和核桃，加上少許檸檬汁和檸檬皮，烘烤過後再淋上蜂蜜糖漿，撒上切碎的開心果。

千層果仁蜜餅

Μπακλαβάς/Baklavas

層層相疊的薄脆口感，融入淡淡的肉桂香料堅果餡，浸透芳香蜂蜜糖漿，切成長方形或三角形的酥皮糕點。

蜂蜜泡芙

Λουκουμάδες/Loukoumades

希臘版的甜甜圈，小巧的麵團油炸到呈現金黃的外皮，內層口感鬆軟。傳統吃法是加上熱蜂蜜糖漿，改良版則是搭配巧克力醬或是冰淇淋，更是絕配！

希臘優格

Ελληνικό γιαούρτι/Greek Yogurt

希臘優格用的牛奶量是一般優格的四倍，又多一道篩去水分和乳清的手續，優格吃起來綿密扎實，是許多遊客回國後最懷念的希臘甜點。

克魯利

Κουλούρι/Koulouri

一圈一圈疊在一起，酥脆的外殼，上面鋪滿了芝麻籽，吃起來外皮酥香裡頭柔軟耐嚼。

哈爾瓦

Χαλβάς σιμιγδαλένιος/Semolina halva

一杯橄欖油，二杯粗麵粉，三杯糖，四杯水，再加上切碎杏仁以及堅果，經典的1：2：3：4的配方。用料雖然簡單，但製作過程需要特別注意火侯，顏色要呈棕色金黃又不能燒焦會帶有苦味，製作起來較為費心，因此也較少見。

希臘人隨時需要來杯咖啡

2011 年，希臘被評為世界第 15 大咖啡消費國，咖啡廳的密集度，就像台灣的便利商店一樣，希臘人無時無刻都需要來杯咖啡。

希臘咖啡

Ελληνικός καφές/Greek coffee

將磨得非常細的咖啡粉，放入杓狀金屬器皿 (Briki) 小火慢熬，沸騰後不濾渣直接倒入小杯中，乍看之下很像義式 Espresso，但千萬別一口乾，要慢慢啜飲以免滿口咖啡渣。

冰卡布奇諾

Καπουτσίνο φρέντο/Freddo cappuccino

Freddo 是冰的意思，希臘太陽又大又強，一杯冰涼飲料沁涼消暑，尤其拍起來色澤又美，一直很受到歡迎。有些店家會打成冰沙，不習慣喝咖啡的人也會愛上這個口感。

希臘冰咖啡

Φραπέ/Frappe

相較於希臘咖啡較為費工的程序，希臘冰咖啡的製作親民多了，即溶咖啡與冰塊、糖和牛奶攪拌混和在一起，濃醇的奶泡中和了咖啡的苦味，是希臘咖啡館的經典飲品。

冰濃縮咖啡

Εσπρέσο φρέντο/Freddo Espresso

咖啡和冰塊的比例是完美的關鍵，即便冰塊融化後，咖啡濃度慢慢變淡，但還是能夠喝出咖啡豆的風味，適合喜歡原味不加糖奶，要喝極品好咖啡的愛好者。

橄欖油採收、製成大公開！

橄欖油是上帝賜給地中海國家的珍貴黃金，全世界的橄欖油主要產區就在地中海周圍國家，其中前三名分別是西班牙、義大利與希臘。

橄欖樹一年只能採收一次並生產一次橄欖油，以希臘來說，採收期集中在 10 月中至 12 月初。最好的採收時間，是趕在油果開始變紫前，那時它的營養和風味都處於巔峰，不過榨油量會偏少，對於農家來說，質和量的抉擇是個永恆難題。

橄欖採收過程

1 採收橄欖

- 手採：以棍子敲打橄欖樹枝，果實掉落後拾取，或是用梳子狀把果實勾下來，雖然這種方式最費工，但對對果實傷害最小。
- 機械工具：隨著技術演進，後來出現了使用機器採摘的方法，利用震動拍打的方式，速度較快。
- 落地撿拾：剛新鮮採下來的橄欖果實，對農家來說就像無價之寶一樣珍貴。

2 過濾葉子

收集好的果實放入過濾網將與葉子分離，再用麻布袋收集起來。

3 等待榨油

採收到一個階段後，將一袋袋果實送到榨油廠等待榨油，一袋麻布袋約重 50 磅。

4 清洗果實

因為任何污垢都可能造成油品的劣化，因此果實需要確實洗淨。榨油廠員工將麻布袋解開，將橄欖滾入自動清洗槽。

5 壓榨橄欖

早期是用石頭碾壓榨方式，現在都是全自動化，碾碎後的果泥會被送到大型攪拌機中充分攪拌，促使風味緩慢釋放。

6 清洗果實

從清洗到出油，大約在一個小時內完成，全程都必須控制在 25 ～ 30 度製作，確保最新鮮的品質。橄欖在萃取之前就先加熱的話會大大影響氣味和口感，因此輾壓的過程不加熱，稱做「冷壓」。

7 油水分離

剛壓榨取得的橄欖油帶有水分，呈現不透明的青草綠，必須再經過油水分離的步驟，才變成初榨橄欖油。

8 裝瓶

為了防止光照，會選擇深色避光玻璃瓶，或有覆膜加工的金屬容器密封包裝再販售。

橄欖小小一顆學問大

橄欖樹深深依賴地中海型氣候，夏日炎熱乾燥，冬季溫暖漫長，每年需要 2,000 小時以上的奢侈光照與和煦暖風。

橄欖樹耐旱，但想要讓油果們在夏天快速生長，除了得靠烈日的光合作用，更少不了雨水的降臨，但在收果的秋冬季，降水多了只會讓風味趨於寡淡，生產橄欖油是個看天吃飯的產業。

希臘的品味與生活

不被包裝束縛，希臘好物的自然魅力

純天然製成的產品，不要過度包裝，不要有過多加工，好用實用又不會造成地球太多負擔，就是希臘商品的賣點。

一般人都有品牌迷思，似乎有品牌在後面背書，商品就比較可靠，用起來也比較安心。偏偏感覺希臘人比較不會做行銷，導致於大家對希臘商品的印象很薄弱，都覺得希臘沒什麼好買的。

但是我長期觀察、試用下來發現，大部分好用的東西都會被忽略，因為商品本身「重用不用看」，本章為大家精選用過後，還會想回購的好物。

純天然保養品回購100%

希臘保養品牌雖然比不上國際一線品牌來得知名，但好用的程度不輸給大品牌，再加上價格都很親民，算下來反而CP值很高。

Apivita

名字源自拉丁文，意指「蜜蜂的生命」。1979 年由兩位致力推動環保及可持續發展的藥劑師——Niki 及 Nikos Koutsianas 於希臘創立，有多達 300 款的產品，透過綠色科技的環保意識，依照各種膚質需求提供各種肌膚護理產品。

明星商品 1 EXPRESS BEAUTY 速效有感面膜

面膜是最受歡迎的產品，將希臘優質的超級食物，像是蜂蜜、紅石榴、甜橙等蔬果營養放入面膜。

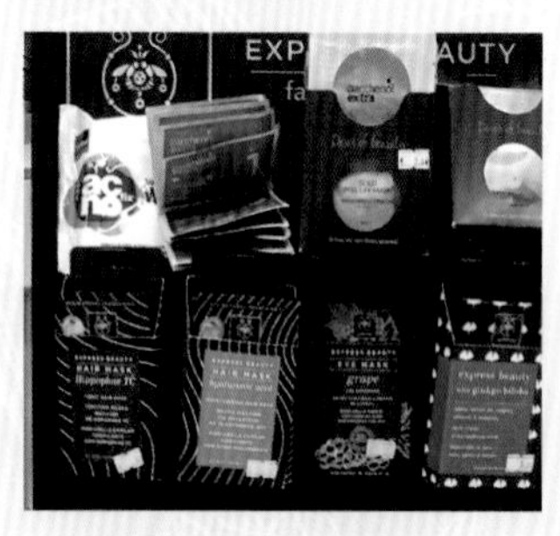

明星商品 2 AFTER SUN 蘆薈無花果曬後舒緩保濕霜

曬後必入手的保濕乳。添加蘆薈及無花果精華，快速舒緩曬後泛紅肌，質地輕盈好推勻。

明星商品 3 INTIMATE CARE 私密保養潔膚露

必囤貨。含有希臘蜂膠，提供保護層；天然洋甘菊，有效舒緩私密肌，有助於平衡私密處的 pH 值，營造健康的私密肌。

Fresh Line

品牌創辦人 Ms. Mayra Vagioni-Stasinopoulou 出生於希臘皇室，以古希臘草本療法和家傳天然配方完成全系列產品，至今 90% 以上的產品仍延用古法以手工製作。

明星商品 Handmade Soaps 手工潔膚皂

富含多重精油與棕櫚葉萃取的天然起泡劑，達到溫和清潔與保濕雙重功效

Korres

由 George 和 Lena Korres 於 1996 年在雅典創立，利用兩人的藥理背景及對 3,000 多種草藥的廣泛了解，開發出臨床實驗有效的有機、環保商品，可在不增強化學作用的情況下，讓使用者恢復健康膚質。

明星商品 1

GREEK YOGHURT 補水系列產品

運用希臘知名特產「希臘優格」，豐富的優格蛋白、幫助肌膚保濕，散發自然光澤。

明星商品 2

BEAUTY SHOTS 全方位美肌沖洗式面膜

從最本的清潔、去角質、保濕到緊緻拉提，各種肌膚狀況都可以找到適合自己的產品。

The Naxos Apothecary

Yorgos 和 Andonis 兄弟在納克索斯島出生，從小生長在一片肥沃的土地，植被茂盛，生物豐富，長大後結合專長，將順勢療法和植物療法，與希臘草藥和天然化妝品的獨特性結合在一起，催生了 The Naxos Apothecary 這個精緻藥劑師品牌。

明星商品

Eau de Parfum 淡香水

香水香味靈感來自納克索斯島，聞香時彷彿可以聯想到小島迷人的景色。

OLIVE ERA

所有產品均以橄欖油(僅選用克里特島橄欖園的生物特級初榨橄欖油)為主要成分，並結合了多種希臘草藥和萃取物，例如柑橘、迷迭香、桉樹、白百合花萃取物和七葉樹種子。

明星商品

Hand & Body Lotion with bio olive oil & Mandarin, lime & basil

柑橘、酸橙和羅勒香氣的乳液，能夠喚起愛琴海的藍白放鬆感。頭髮和身體油，帶有甜甜香氣，聞起來心花怒放又不油膩。

整個人都要有Greek Style

知性精巧的飾品向來都能襯托出個人品味，並成為裝扮的亮點，以下這幾個牌子推薦給大家，快去找尋有寫自己名字的物件。

設計時尚單品

無論是奢華或新銳設計師，大部分單品都跟希臘最著名的神話以及幾何圖形脫離不了關係，這些品牌有專門店設立在機場，好讓來自全世界旅客能更認識他們的故事。

Folli Follie

Folli Follie 是希臘最經典的精品品牌，推出的陶瓷碗錶受到輕熟女喜愛，藉由配件展示每位女性最陽光的一面。

Ilias LALAoUNIS

Ilias LALAoUNIS 創辦人認為黃金是最人性化的素材，系列作品採用 18 克拉和 22 克拉黃金製成，靈感來自許多不同文化和時期的藝術。

Anna Maria Mazaraki

Anna Maria Mazaraki 使用珠寶創作，同時賦予其現代風格。大部分商品都用硬幣、十字架或邪惡之眼來呈現。

希臘皮件、編織涼鞋

旅行中一雙舒適好走的鞋特別重要，希臘真皮涼鞋透氣又耐穿，同時又有型，從古希臘經過千年依舊流行，就知道魅力無法擋。

MELISSINOS ART – THE POET SANDAL

這個品牌在雅典鼎鼎大名，手工訂製涼鞋，特別受到觀光客青睞。

希臘風涼鞋

手工涼鞋吸汗耐穿，超有希臘風。觀光區隨處可見。

洋裝穿上一秒變女神

出國遊玩穿搭也是一大重點，怎麼搭配常常讓人煩惱，此時洋裝便是萬能，一件套上什麼問題都解決了。

ZEUS+ ΔIONE

該品牌以古希臘愛、美麗和永恆青春女神的父母命名，每件訂製紡織品均由專業工匠採用傳統和現代技術進行編織、染色、刺繡和裁剪而成。

希臘風服飾

希臘出產純棉衣物，既好看又涼爽舒適，最適合小島旅行。讓你在旅行中既能保持舒適，又能展現時尚品味。

居家戰利品

最好亂買的就是擺飾品，真的每樣都好想帶回家，實用性也很強，不會放著積灰塵。這些商品無論是在雅典 Plaka 或是小島上主要觀光區塊都很容易找到。

好運鈴鐺

每串都有獨特的聲音，據說越大或是越多串，你的好運越多。

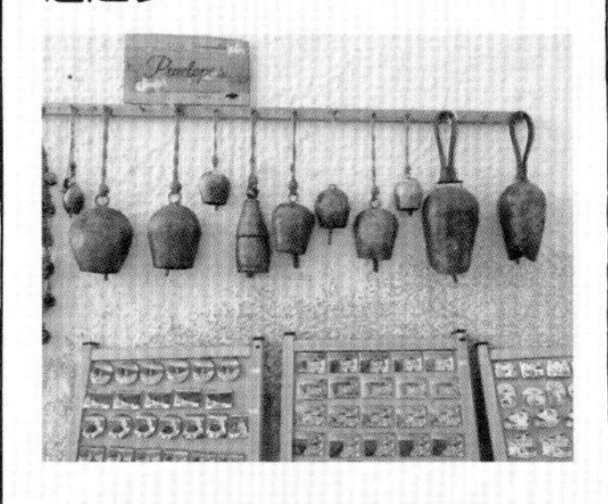

藝廊裝飾品

藝術家的創作，每件商品都是獨一無二，有一些天馬行空的表現方式，作品都相當獨特。

棉質家居織品

希臘本地產棉花，自然純棉商品品質優秀，再加上精美的刺繡，增添居家質感。

石膏小屋

炫富！要買幾棟希臘小屋都可以。幾乎人人都會想買回家的紀念品。

小碟子、杯墊

相當實用的紀念品，每天吃飯盛小菜都可用到，花樣也很討喜。

走過路過不可錯過的紀念品

不要誤以為希臘沒什麼好買的，不只有紀念性還很好用，尤其是生活雜貨類，非常值得入手。

最實用的伴手禮

伴手禮應該是每次出國最令人掛心的事情，想著要帶什麼回去跟親友分享，好在希臘很好「黑白買」，東西實用也不至於價格太貴。

95% 天然成分橄欖皂

送禮自用兩相宜，使用過的都好評不斷，唯一缺點是買太多要注意行李重量。

地中海海綿

大約是台灣三分之一的價格，各式各樣天然形狀，要謹慎挑選，以免買到劣質品。

特色郵票

經典風景的郵票，在許多紀念品書局可以找到。

希臘品牌橄欖油

CRETA VERDE 和 ILIADA 和 GAEA 這些品牌風味淡雅又清香，送禮自用兩相宜。

送禮首選 Lezi

由有機特級初榨橄欖油組成，酸度低，果香濃郁，顏色深綠，帶有美妙的苦味和辛辣味。

送禮首選 E-LA-WON

該品牌創辦人是語言學家，從古希臘線形文字研究出「油」這個單字，便以此命名。這個品牌由純古法製作，口味偏辣較強勁，它也獲獎無數，是頂級橄欖油代表品牌之一。

橄欖油乳液

橄欖乳液吸收快不黏膩，同時不會有太可怕的香味。

洗澡刷

洗背不求人，再訪的時候，囤了 5 支回台灣。不僅能讓在日常生活中感受希臘的美好，還能與親朋好友分享這份舒適和便利。

MASTIHA 居家保養

來自希俄斯島 (Chios) 乳香樹樹幹的天然樹脂 Mastic，獨特香氣具有藥性可幫助細胞再生，是保養聖品。

星巴克紀念杯

星巴克迷必 BUY，在各個分店幾乎都可以買到所有款式。

限定版可口可樂

限定包裝可樂瓶喝起來就是開心。限定包裝更增添了收藏價值。

Swatch 手錶

雅典國際機場可見限定款，每看一次時間就回想起希臘時光。

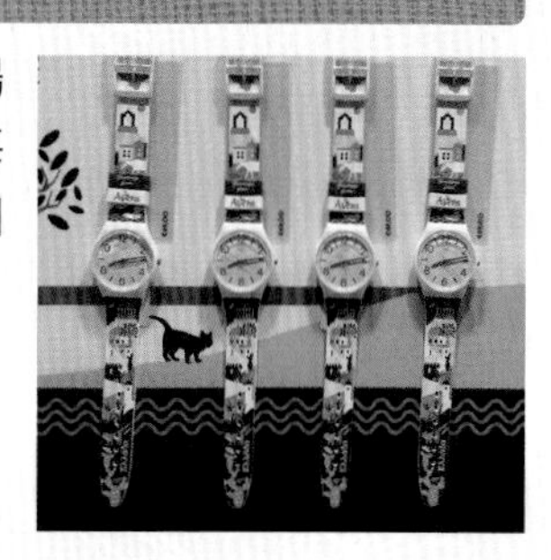

Evil Eye 相關小物

邪惡之眼 (Evil Eye) 具有護身符含意，把壞運氣通通趕走吧！ Evil Eye 樣式的包屁衣和金飾也很適合當成新生兒禮物，越看越討喜。

超市挖寶趣

出國時去各大超市逛逛，似乎成了行程的必經重點，沒去會遺憾的感覺，畢竟大家都想在超市挖到好貨，以及好奇當地人都吃些什麼。

7 Days

一週七天，天天吃也不會膩的國民麵包。

Nescafe

雀巢咖啡粉，喜歡 Frappe 必買，在家也可以輕鬆還原希臘風味咖啡。

Caprice

巧克力捲心酥，一口接一口。

Loukoumi

希臘傳統軟糖，適合帶回台灣和同事朋友分享。

Attiki 純希臘蜂蜜

包裝方便的家庭常用蜂蜜，希臘朋友推薦。

Dark Chocolate Peanut Butter

濃郁花生巧顆力醬，可以搭配吐司或米餅，絕配好滋味。

ION

當地的巧克力品牌，口味選擇多到不行。

各類果乾

蜜棗口味含有豐富膳食纖維。

各式形狀義大利麵

價格約是台灣三分之一，吃起來很有口感，久煮也不會太爛。

花草茶

真不小心有點小感冒，試試看當地人喝的山茶。

希臘酒大集合

說到酒，很少有希臘人不愛喝的，就像亞洲人幾乎都喜愛手搖飲一樣。有句俗話說「A meal without wine is called Breakfast.」換句話說一天只有早餐配柳橙汁，其他時候酒和餐才是絕配。

Local beer

一開始是由老牌啤酒 Fix 帶起喝啤酒的風氣，緊追在後的是 Alfa & Amstel，1997 年，新品牌 Mythos 加入大受國民歡迎。

希臘各地區有許多小型的精釀啤酒場，這些品牌都在限定區域才買得到喔！

Santorini限定Donkey啤酒

Ouzo

Ouzo 是一種茴香味的開胃酒，由 tsipouro 酒 (一種希臘的渣釀白蘭地) 演化而來的。2006 年 Ouzo 被列為希臘代表性特產因此獲得專利，只有希臘和賽普勒斯的製造商才可使用這個名稱。

傳統上會和水混合一起飲用，通常反應兩極，喜歡的人就會很喜歡。文青設計師將希臘最具代表性的天神做成可愛酒瓶，很適合拿來收藏。

Wine

希臘是世界上釀造葡萄酒歷史最久的國家之一，可以追溯至6,500年前，在古代和中世紀時期，葡萄酒是希臘重要的貿易產品。

別當冤大頭！達人教你選海綿

海綿是大家去希臘旅行時最佳紀念品。首先，它非常實用且耐用，再來在產地賣價更是外銷的三分之一，買到賺到。

去到觀光地區，幾乎都可以看到販售各式各樣的海綿，但是價格差距很大，到底便宜的和貴的差在哪裡？

Q&A

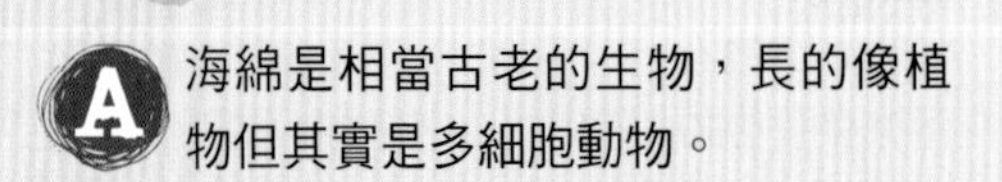

Q 海綿到底是什麼？

A 海綿是相當古老的生物，長的像植物但其實是多細胞動物。

Q 天然海綿生長條件？

A 地中海域提供海綿最佳生長環境，在深海裡冰冷且高鹽分環境下，造就希臘的優質海綿，緊密扎實且耐用。

Q 海綿採收過程？

A 每年 5 ～ 10 月是海綿採收季節，由有經驗的潛水人員深入海底採集。採集會預留根部讓具有再生能力的海綿可以持續生長，維持海底的生態平衡。

剛從海裡採收回來的海綿會先在船上做初步清洗，運至工作室後會再次清洗、擠壓，反覆數次後，再接受陽光熱力直至曬乾。

Q 使用海綿的好處？

A 希臘人人家中，海綿是必備物，它具有中性特質，可讓肌膚維持 PH 值 5.5 ～ 6 之間，在歐洲多年來被皮膚科醫生推薦給嬰兒沐浴以及敏感肌膚者使用，還能幫助清潔老舊角質與鼻頭粉刺 。

Q 海綿種類有哪些？

A 絲綢──質地較細緻，適合用來清潔臉部和小嬰兒洗澡使用。

蜂窩──富有彈性，毛細孔較大，適合清洗身體。

象耳──形似大象耳朵，扁平狀。一體雙面不同質料，適合上妝。

冒牌

Q 如何分辨海綿好壞？

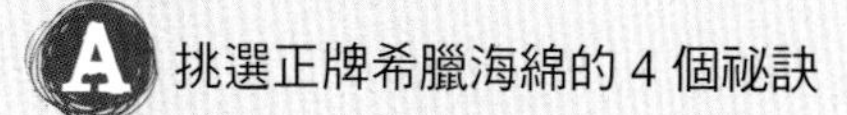

A 挑選正牌希臘海綿的 4 個祕訣

希臘海綿

1. 詢問種類：細問店家海綿的產地是不是在地中海？有沒有絲綢與蜂窩兩種？
2. 觀察測試：近看外觀需細緻緊實，摸摸海綿實體，感覺夠不夠扎實細膩。
3. 產地標示：注意標牌有沒有寫上海綿款式還有產地說明。
4. 價格差異：好的中尺寸海綿通常要 10 歐元以上，小尺寸絲綢差約 5 歐左右。總而言之就是一分錢一分貨。

達人小檔案　小希地

英國求學時認識了現在的希臘老公，在這個融合大海與土地的國度，深切體會到人與自然和諧地生活，與地中海資源共生存的概念。

因遠房親戚從事海綿加工業，天然海棉柔軟的觸毛讓她愛上！加上清潔力極好，不傷肌膚的特性，便一頭栽進海綿的清潔世界。

認識到真正品質好的海綿後，直接從 Kalymnos 小島，引進質感最好且耐用的絲綢、蜂窩種類，在台也有販售。

Αθήνα / Athens

雅典

3,000年歷史，獨樹一格的古都

雅典與你到過或是想像中的歐洲城市不太一樣，是個很不歐洲風的城市，沒有高聳尖尖的哥德式教堂，街道上的房子外觀簡單樸實，也沒有華麗令人目不轉睛的巴洛克裝飾，你會懷疑真的是來到歐洲嗎？

在古代，雅典的確是一個很強盛的城邦，是古希臘宗教、建築、文學、哲學、民主等發展的核心城市，更是西方文化的搖籃。但隨著幾次外強入侵，以及城邦之間的戰爭，雅典最終在伯羅奔尼撒戰爭 (Peloponnesian War) 被斯巴達所打敗，衰敗後不斷被各帝國占領，直到 19 世紀才又獨立成為希臘的首都。

雅典地圖

交通資訊

雅典市區內大眾交通工具，覆蓋大部分的城市與郊區，價格也相當優惠，一張車票就可以乘坐所有公共交通工具。對觀光客來說，最便利的是地鐵 (Metro)，各大景點幾乎都有地鐵站。

建議先將地鐵站的英文與希臘文站名查好，以及搞懂搭乘方向，地鐵會是最方便也最容易上手的交通工具。

觀光巴士 Hop on Hop off Bus

觀光客最便利使用的觀光巴士，車上提供包含中文、英文、希臘文、日文等共 16 種語言語音導覽，也提供免費 WiFi。有關價格等更多資訊，請搜尋關鍵字 Athens Hop on Hop off，或登入下方網址。

觀光巴士一日內或 48 小時內無限制次數隨上隨下，總共有 4 條線路，以下是不同路線的營運時間。

http citysightseeing.gr/en

- **Athens 市區線 (橙色)**

夏季夏季 (4 ～ 10 月)08:30 ～ 18:30；冬季 (11 ～ 3 月)08:30 ～ 17:00

- **Piraeus 線 (藍色)**

夏季夏季 (4 ～ 10 月)08:30 ～ 18:30；冬季 (11 ～ 3 月)08:30 ～ 16:45

- **海灘 Glyfada 線 (黃色) 和 海灘 Vouliagmeni(綠線)**

夏季夏季 (4 ～ 10 月)10:30 ～ 17:30；冬季 (11 月至 3 月) 共 2 班，上午 09:00 和 15:30

備註：營運時間以當年官網公布為主。

地鐵 Metro

- **公司**：雅典城市交通組織 (OASA)
- **單程標準票價**

可以搭乘雅典市區內所有交通工具 (公共汽車、無軌電車、地鐵 1、2、3 號線和有軌電車)

1. 90 分鐘內／ 1,20 歐元
2. 敬老票 (65 歲以上) & 學生票 (7 ~ 18 歲)(需學生證或年齡證明) ／ 0,5 歐元
3. 6 歲以下兒童／免費

- **旅遊票券**

1. 一日券 (24 hours) ／ 4,10 歐元
2. 三日旅遊券 (含雅典國際機場 Airport EXPRESS 或地鐵來回) ／ 20 歐元
3. 五日券 (120 hours) ／ 8,20 歐元

- **注意事項**

1. 車上並無販售車票，要在售票亭購買
2. 上車時記得打票，查票員會不定期出現
3. 某些地鐵月台與列車距離很大，上下車時要小心。
4. 地鐵站扒手非常多，搭車時務必注意自己的隨身物品。

車票是感應式不回收，可以留作紀念

地鐵站內保留許多遺跡可以欣賞

http www.oasa.gr

計程車 Taxis

雅典市區計程車標準色為黃色，上車後，基本費率 3,50 歐元，之後將按計價器計費，午夜後至凌晨 5 點將加倍。計程車計價方式可能會有變動，請上網查詢。

雅典市區可利用的叫車 APP：Uber、Free Now

計程車計價查詢網站：

http 非官方(較詳細)：athenser.com/athens-taxi/

http 官方：www.thisisathens.org/getting-around/taxis-cabs

貼心提醒　觀光客當心司機亂喊價

1. 熱門地點路邊等待的計程車，價格都用喊的，一定要先問清楚再上車。
2. 路邊攔車，司機會照錶計費或用喊價。下車前可以向司機索取收據。
3. 請飯店或餐廳叫車，有些會加收叫車費。請飯店員工先協助確認價格後，再上車。

希臘古文明遺跡
世界文化遺產

雅典衛城

Ακρόπολη Αθηνών
Acropolis of Athens

建築就和人一樣，了解它你才會對它有感覺，因為建築本身是冰冷的，背後的歷史意義、古人的智慧才值得我們深思。另外還要有超強想像力，不然看來看去就是沒有溫度的石頭罷了。

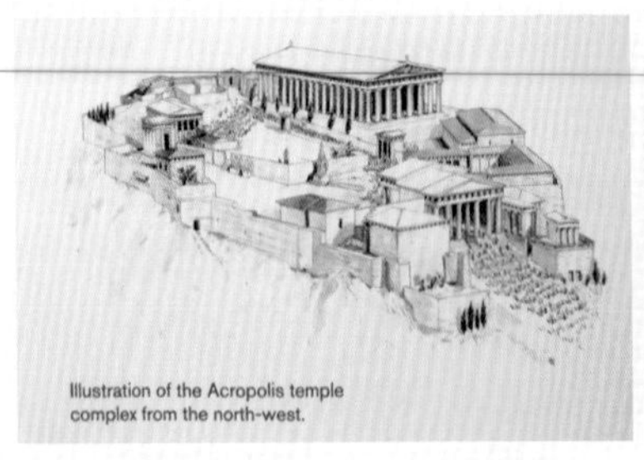

雅典衛城完整模擬圖，攝於大英博物館

偉大的遺跡永遠不缺人潮

衛城建築介紹

雅典衛城其實不單單只是一座建築，從字面上來解讀：Ακρον是最高點，πόλις是城邦，合在一起代表「高地上的城邦」。除了西側坡度平緩，其餘山丘四周岩石陡峭，並且有一個寬闊近乎平坦的頂部，在這裡建立起帕德嫩神殿(Parthenon)、伊瑞克提翁神殿(Erechtheion)、山門(Propylaea)、雅典娜耐克神殿(Temple of Athena Nike)，合起來稱之為雅典衛城(Acropolis)。

公元前13世紀建立第一座防禦牆，庇護著當地邁錫尼統治者的住所。公元前8世紀，雅典衛城被賦予了宗教意義，也因為古希臘雅典僭主庇西特拉圖(Peisistratos)設立「泛雅典娜節」，在156公尺的山崗上開始建造紀念性神殿，並修建一條通往衛城的坡型通道，開啟了這塊神聖空間的重要性。建築和自然環境無違和感的結合，也使岩石山變成獨特的建築群。

$全票20歐元(官方預告2025年會調漲) ➡地鐵2號線Ακρόπολη(Acropoli)站下車，出站後走路到側門3分鐘／正門10分鐘可到達 http odysseus.culture.gr；購票網址hhticket.gr ?1.由於參觀人潮太多，網上購票需預約參觀時間，在指定區間內入場。2.避開人潮，建議一早開門時或下午4點後前往，門票可先在網路上購買好，節省現場排隊購票的時間

衛城建築介紹

山門 Propylaea

進入雅典衛城入口的巨大山門，是雅典領導人伯里克利(Pericles)任命建造的公共工程之一，建於公元前437～432年間但從未完工。大理石建造的ㄇ型入口，正面由6根多立克柱支撐，走廊旁則採用愛奧尼克柱，主廳將建築分為南北兩翼，北翼(面對山門的左手邊)牆面上畫有頌揚雅典娜女神的畫作，又被稱為藝術畫廊。

面對山門左手邊巨大的基座上，聳立了青銅四輪馬車，是為了紀念公元前178年佩加蒙(Pergamon)國王歐邁尼斯二世(Eumenes II)在泛雅典運動會的戰車比賽中獲得勝利，後來公元前27年左右，雅典市為感謝阿格里帕(Agrippa)對雅典的建設，豎立新雕像取而代之。

知識充電站

山門觀賞重點

山門正前方的伯雷門(Beulé Gate)，是在3世紀時羅馬帝國豎立的強大的防禦牆，伯雷門以1852年發現它的法國考古學家夏爾·埃內斯特·伯雷(Charles Ernest Beulé 命名。

前方的戰神之嶺(Areopagus Hill)是古代作為審判的法庭。希臘神話中阿瑞斯因女兒遭波塞冬的兒子侵犯，而殺了對方，就是在此接受希臘眾神的審判。

希羅德．阿提庫斯劇場 Odeon of Herodes Atticus

從正門入內，順著坡道往上爬，會先看到一座半圓形劇場。希羅德．阿提庫斯劇場建於公元2世紀，是由雅典富豪希羅德．阿提庫斯為紀念已故的妻子而建。

劇院主要是石造，三層高的牆面使用羅馬拱門建築樣式，半圓形的舞台連綿數排的梯形石椅，巧妙的設計結構讓最後一排的觀眾也可以聽見聲音，可容納近5,000名觀眾。

原始建築物在近百年後被破壞，20世紀中進行修復及重建後，作為希臘音樂節的主要表演場地。節慶時間通常為每年6月盛大展開，為期約3個月。表演內容包刮古希臘悲劇、演奏會、芭蕾舞劇以及演唱會等等。

雅典娜耐克神殿 Temple of Athena Nike

Nike的希臘語Νίκη，意為「勝利」。在邁錫尼時代，保護最脆弱的入口「南翼」，今日所見的神殿建於公元前426～421年，正面和反面各由4根愛奧尼克柱支撐，殿內有一尊木頭製成的雅典娜耐克女神雕像，右手捧著石榴，左手拿著頭盔。據說雕像被剝奪了翅膀，希望勝利女神永遠不會離開雅典城，所以又被稱為無翼勝利女神。

貼心提醒　做一個稱職的旅人，你要知道的事

1. 禁止觸摸和踩上古蹟石柱上。
2. 禁止飲食(水除外)、抽菸和亂丟垃圾。
3. 禁止攜帶行李箱或大型行李入內。
4. 禁止在遺跡內拿出國旗及大型玩偶拍照。
5. 遺跡內的地板非常滑，請穿好走的鞋子。
6. 拍照時不要擺誇張的POSE對神殿不敬。

帕德嫩神殿 Parthenon

現今的神殿遺跡建於公元前 447 ～ 432 年，象徵雅典城邦的鼎盛時期最偉大的創作，專門用於祭祀守護神雅典娜，名稱的起源來自希臘語單詞 παρθενών，意為未婚女子 (處女) 的公寓房間。

寬 31 公尺、長 70 公尺、圓柱高 10 公尺，短邊由 8 根、長邊由 17 根，共 46 根大理石堆砌而成的多立克柱支撐，神殿的內殿展示著高 12 公尺用象牙和黃金打造的雅典娜雕像 (已不存在)。

東邊的山牆描繪了女神的誕生，而西邊的山牆展示雅典娜和波塞冬爭奪雅典城的守護權。中楣浮雕則以歷史傳奇為主題，東側為巨人和天神之戰、北側為特洛伊戰爭、西側是亞馬遜運動，最後，南側是半人馬之戰。

公元 5 世紀羅馬帝國時期，帕德嫩神廟被改建成一座教堂；1458 年在鄂圖曼土耳其統治下，改成清真寺；1687 年威尼斯總督圍攻雅典衛城期間，土耳其人把帕德嫩神廟用作火藥庫，遭到轟炸因此大部分結構遭摧毀。

1801 年來自英國的第七代埃爾金伯爵湯瑪斯 · 布魯斯 (Thomas Bruce, 7th Earl of Elgin)，獲得奧斯曼帝國統治者的許可，將大部分浮雕陸續從希臘運往英國。

知識充電站

雅典衛城在大英博物館的館藏

1816 年，埃爾金以 35,000 英鎊的價格，將這些石雕賣給了英國政府，最後藏於大英博物館，被稱為「Elgin marbles」。

山牆上的雕像

東面中楣雕刻著眾神以及百姓慶祝雅典娜生日的盛況，圖中左邊為雅典娜

帕德嫩神殿的祕密

Q 為什麼不快修復光禿禿殘缺的神殿？

A 7萬多顆的石頭，是個大型立體拼圖，修復團隊希望不損害古代建材再和新的大理石融合，盡可能重現神殿的原始面貌，千萬別誤會是希臘人動作慢。

Q 柱子是直線條還是曲線？

A 每個角度看似是直的，但事實上圓柱是彎曲並向內傾斜，地板和楣飾也是有弧度曲面的，修飾美化了整體視覺。

Q 石頭間如何緊密結合在一起？

A 古希臘人把木頭對半切做成木栓，上下石頭中間各放一半，兩塊石頭合在一起就能完美結合無縫隙，如今即使打開，裡面放置的木頭仍然完好如初。

Q 裝飾的浮雕以及山牆上的雕像到哪去了？

A 19世紀初埃爾金伯爵將大部分浮雕運往英國，最後收藏於大英博物館，小部分收藏於新衛城博物館，以及法國巴黎羅浮宮等地。

伊瑞克提翁神殿 Erechtheion

以典雅和精緻的少女列柱聞名的伊瑞克提翁神殿，建於公元前421～406年，由於地形的不規則以及供奉諸多天神，造就了複雜的獨特形狀。東側(少女列柱那端)獻給雅典娜、西側則獻給波賽頓。

最吸睛的莫過於6尊少女列柱，高度和構造比例皆相同，左側的3尊採取右腳站姿，右側的則是左腳站姿，龐大厚實的軀幹、編髮與頸部是支撐門廊的關鍵。現今看到的列柱是複製品，真品其中5尊展示於新衛城博物館，一尊展示於大英博物館。

大英博物館擺放的是正面左邊數過來第二尊(黃色那尊)

知識充電站

雅典為什麼稱作雅典？

這座城市想找一位守護神，於是宙斯就向天神傳達，誰能為這座城市提供最有用的東西，就能成為這座城市的守護神，並以其名字命名。

海神波塞冬與智慧女神雅典娜都有意爭取這個位子，他們各自獻計，波塞冬用他的三叉戟敲打地面岩石，岩石中挑出一匹戰馬，這是戰爭的象徵，寓意希臘戰無不勝。而智慧女神雅典娜用她的長槍敲打岩石，岩石中則變出了一棵橄欖樹，這是和平與富裕的象徵。人民最後選擇雅典娜為守護神，並以女神的名字命名，取名為「雅典」。

神話中雅典娜女神賜給雅典橄欖樹的位置

戴奧尼索斯劇場 Theatre of Dionysus

從側門進入雅典衛城，首先會看到以酒神戴奧尼索斯命名的半圓型劇場，被認為是最古老的劇場之一(西元前6世紀)，最多可容納17,000人。劇場在不同執政時期不斷進化，第一排的座位是貴賓保留席，最初採用木製看台、場景，後被堅固的石頭結構翻新，並增設大理石貴賓席，在羅馬時期舞台改用大理石鋪設，舞台趨近於D型。

知識充電站

圖解古希臘建築

古希臘柱式的形式源於對人體比例的模仿，旨在按照理想的比例呈現視覺上的完美造型。

多立克柱式 (Doric Order)

古典建築的三種柱式中最早出現的一種，比較粗大雄壯，又被稱為男柱式，柱身有20條凹槽，柱頭沒有裝飾

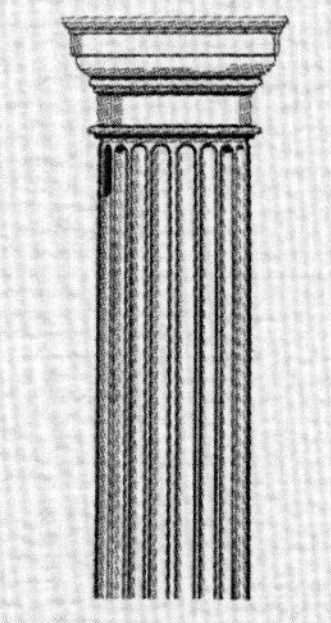

愛奧尼克柱式 (Ionic Order)

特色是比較纖細秀美，又被稱為女性柱。柱身有24條凹槽，柱頭有類似羊角般的漩渦形裝飾，整體看起來帶有優雅高貴的氣質。

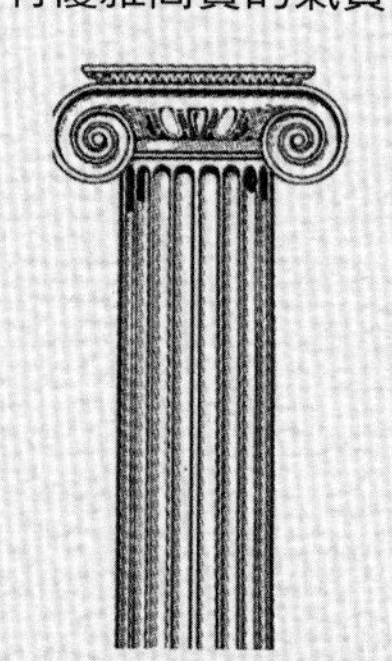

科林斯柱式 (corinthian order)

比例比愛奧尼柱更為纖細，柱頭以莨苕葉作裝飾，形似盛滿花草的花籃，特別追求精細勻稱，顯得非常華麗纖巧。

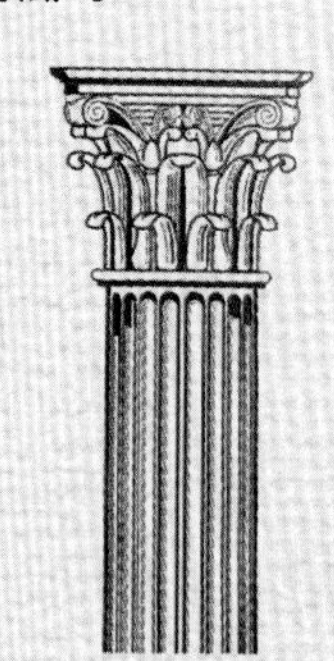

Μουσείο Ακρόπολης/Acropolis Museum

新衛城博物館

站在156公尺高的雅典衛城西南側(鄰近舊衛城博物館)往下看，會看到一棟突出不規則形狀的現代建築，就是衛城新博物館，因舊館無法容納大量出土文物而設立。

博物館動工時發現古代社區遺址，為了不破壞遺址，博物館的地面樓層順著遺址的結構，由100根纖細的混凝土柱支撐三層樓，建築師巧妙的運用希臘古建築空間以及採光概念，每層樓都有不同的面貌。2009年6月正式對外開放，展出從古希臘時期到羅馬帝國晚期，約4,000多件出土文物。

$夏季全票15歐元，冬季全票10歐元 ➡地鐵2號線Ακροπολη(Acropoli)站下車，出站後走路約3分鐘可到達 http www.theacropolismuseum.gr ⁉除了一樓的古代衛城畫廊外，整個博物館都允許業餘攝影，不得使用閃光燈或其他專業設備(聚光燈，三腳架)

各層樓觀看重點

入口處下層

採用強化玻璃地面和半開放空間，向觀眾展示從新石器時代末(公元前3000年)到公元12世紀，衛城南面居住區的古代建築遺物。

第1層

最重要的出土文物為崇拜者向衛城山坡上不同神明的聖所祭獻的物品，以及私人住宅日常生活中出土的陶器文物。

衛城南坡上醫藥之神阿斯克勒皮俄斯聖所的文物，雕刻了「阿斯克勒皮俄斯」和「得莫忒耳和柯瑞」正在接受6位醫生的崇拜，下方花圈中刻了他們的名字

結婚賀禮：鍋具、化妝品、珠寶容器和花瓶等

左側下半部展示著大量的婚禮時盛裝泉水的取水罐(Loutrophoroi)，讓新娘沐浴用

第2層 古風展示廳，陳列山牆(神與巨人之間的戰爭等)雕刻、雅典衛城各神殿挖掘出來的出土雕像，以及神殿還原模型。

每座雕像的雕工都巧奪天工

雅典娜耐克神殿外部浮雕護牆上著名的「系鞋帶的勝利女神」

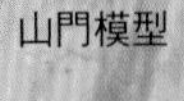

山門模型

伊瑞克提翁神殿的少女列柱真跡共5尊，近距離欣賞古人令人讚歎的雕刻技藝

推測是6世紀時，神殿作為教堂時的主教寶座

第 3 層

戶外及餐廳區擁有絕佳觀賞雅典衛城的景觀餐廳休息區。雅典衛城的景觀餐廳，每週五營業至午夜 12 點，還有紀念品販賣部。

第 4 層

建築師將這層旋轉 23 度，使其與帕德嫩神殿平行。四周皆為玻璃窗，讓訪客可以用最佳角度望向雅典衛城和古代遺跡，第四層也稱為帕德嫩展示廳，這裡有介紹影片，以及 12 萬件樂高積木製成衛城模型，從最早的建築原型，經歷的變化及破壞，再到今日的修復，全都可以完整了解。

雅典經典2路線

市區內的景點距離都不算太遠，路線也算單純不會太複雜，唯一較大的挑戰是太陽大，邊走邊逛也算滿輕鬆的路線。以下推薦兩條經典完雅典的路線，跟著走，就可以輕鬆暢玩雅典喔！

雅典路線1 千年古蹟尋幽之旅

從2500年前的歷史遺跡到19世紀仿希臘古典風格的三大建築，以及烈士為國家獨立犧牲的精神象徵，在這條路線上都可以一覽無遺，所需的時間大約2～2.5小時。小提醒，這條路線下午去走雖然比較熱，但是拍照光線比較好，遊客可以自己斟酌。

路線1 漫遊順序

景點1
哈德良拱門
Arch of Hadrian

景點2
宙斯神殿
Temple of Olympian Zeus

景點3
國家花園
National Garden

景點4
憲法廣場
Syntagma Square

景點5
國會大廈和無名戰士紀念碑
Hellenic Parliament/ Monument Of The Unknown Soldier

景點6
雅典學院
Academy of Athens
雅典大學
University of Athens Central Building
國家圖書館
National Library of Greece

景點7
納辛奈克體育場
Panathenaic Stadium

景點 1

哈德良拱門

Arch of Hadrian

哈德良皇帝對雅典建設的見證

被稱為羅馬帝國五賢帝之一的哈德良皇帝，在統治期間足跡幾乎踏遍帝國行省，從小就被希臘文化深深吸引的哈德良皇帝，初到希臘後便開始建造和修復神廟，以及規畫建設城市，所以當他再次到訪雅典時，為慶祝他的到來打造這座 18 公尺高的大理石拱門，就以他的名字來命名。

拱門下層的楣梁上西北側 (面對雅典衛城) 寫著「ΑΙΔ' ΕΙΣΙΝ ΑΘΗΝΑΙ ΘΗΣΕΩΣ Η ΠΡΙΝ ΠΟΛΙΣ」，意思是這是雅典，忒修斯的古城。東南側 (面對宙斯神殿) 則寫著「ΑΙΔ'ΕΙΣ'ΑΔΡΙΑΝΟΥΚΟΥΧΙΘΗΣΕΩΣΠΟΛΙΣ」，意思是這是哈德良城，而不是忒修斯古城，代表著舊城跟新城的分界。

➡地鐵2號線Ακρόπολη(Acropoli)站下車，出站後走路約4分鐘可到達

宙斯神殿

Temple of Olympian Zeus

像偉大的奧林匹斯山眾神之王致敬

宙斯神殿最初是古希臘雅典僭主庇西特拉圖 (Pesistratos) 在西元前 6 世紀開始興建，目的是祭祀至高無上的宙斯，前前後後共修建 600 多年，直到西元 2 世紀才由哈德良皇帝完成，是雅典最古老、最大的神殿。

這座寺廟長 100 寬 50 公尺，共有 104 根高 107 公尺的石柱組合而成，最特別的是採

用柯林斯式的柱式，有別於一般神殿較常使用的多立克或愛奧尼克柱式，儘管現存只剩 15 根圓柱，但仍可想像完工時壯觀的規模與霸氣。

$ 全票單張8歐元 ➡地鐵2號線Ακρόπολη (Acropoli) 站下車，出站後走路約6分鐘可到達

國家花園

National Garden

市區內的世外桃源

國家花園原名是皇家花園，由希臘王國第一任皇后阿瑪利亞 (Amalia) 所創建。當時花園上午為王族專用，下午才對市民開放，隨著君主制漸漸式微後重新命名為國家花園，從日出到日落向公眾開放。

國家花園為城市提供了寧靜的休息場所，15.5 公頃大的花園中可以欣賞到數以百計的樹木、灌木等植物，這裡還有鴨子池塘、植物博物館、小咖啡館和兒童圖書館等。

➡地鐵2、3號線ΣΥΝΤΑΓΜΑΤΟΣ(Syntagma)站下車，出站後走路約2分鐘可到達

景點 4

憲法廣場
Syntagma Square

探索雅典從這裡出發

1843年，希臘最初的憲法在此頒布因而得名，是雅典最中心的廣場以及重要的交通樞紐，大部分的觀光景點及熱鬧逛街區塊也都集中在附近。

➡地鐵2、3號線ΣΥΝΤΑΓΜΑΤΟΣ(Syntagma)站下車，出站後即達廣場

景點 5

國會大廈和無名戰士紀念碑
Hellenic Parliament/Monument Of The Unknown Soldier

總統衛隊高帥挺拔不看可惜

紀念在獨立戰爭中捐軀的希臘無名英雄，以及1821年之後的戰爭殉職的士兵而設立的紀念碑。

看守的總統衛兵被稱為Evzones (Εὺζωνες)，各個身材高挑超過187公分，紅色氈帽象徵著對抗奧斯曼占領革命中的流血事件，黑色流蘇代表被統治期間所流下的眼淚，下半身400條褶皺代表希臘人被奴役的年數，厚厚的鞋底釘上50～60顆釘子，讓衛兵在崎嶇地形容易行走。

後方鵝黃色的建築則是國會大廈於1843年完工，新古典主義三層建築最初是希臘君主的宮殿。

🕒每個整點會有衛兵交接約15分鐘，週日上午11點會有軍樂隊陪同交接 ➡地鐵2、3號線ΣΥΝΤΑΓΜΑΤΟΣ(Syntagma)站下車後，出站後走路1分鐘可到達 ❓廣場上扒手也很多，請小心

景點 6

雅典學院
Academy of Athens

雅典大學
University of Athens Central Building

國家圖書館
National Library of Greece

仿希臘古典時期建築的最佳巨作

於 19 世紀中葉由知名的丹麥建築師韓森兄弟所設計，其中雅典學院最為經典，門面採用愛奧尼克式列柱撐起主體，前方站立著阿波羅和雅典娜，前方是古希臘哲學家蘇格拉底和柏拉圖。

雅典國立和卡波迪斯特拉大學，以獨立後的第一任國家元首 Ioannis Kapodistrias 為命名，他的雕像就放在面對大門左手邊。

國家圖書館建築柱式使用最簡單樸實的多立克式，配上氣勢非凡的弧形樓梯，中央的雕像，是希臘航運之父 Panayis Vagliano。

地鐵2號線Πανεπιστήμιο(Panepistimio)站下車，出站後即達

景點 7

納辛奈克體育場
Panathenaic Stadium

現代奧林匹克運動會重返世界舞台

交通指引 搭乘有軌電車 T6 號線 Ζάππειο(Záppeio) 站下車，出站後走路 2 分鐘可到達

世界上唯一採用全大理石打造的體育場。1896 年，現代奧林匹克之父 Pierre de Coubertin 推動第一屆現代奧林匹克運動會在此舉辦，2004 年再次被用作奧運場館。

全票10歐元

雅典路線2 新舊交融普拉卡區

普拉卡 (PLAKA) 是雅典一座歷史街區，鄰近雅典衛城，有「上帝的鄰居」之稱。來這區感受古代生活面貌，看看新舊文化交流。

景點1 美塔波里斯東正教教堂
Metropolitan Church of Athens

雅典最大百年歷史東正教教堂

1842 年由希臘首任國王奧托一世奠定建築計畫，歷經 20 年完工，長 40 公尺、寬 20 公尺、高 24 公尺。工人們用 72 座廢棄教堂的大理石，建成它淡鵝黃色的外牆，中央入口由科林斯柱式支撐拱廊，而對稱的雙鐘樓則受到西方教堂建築的影響，經典的穹頂造型天花板，融合了新古典主義和拜占庭建築風格，總統宣示就職等國家重要儀式，都在此舉行。

➡ 地鐵2、3號線 ΣΥΝΤΑΓΜΑΤΟΣ (Syntagma)站或地鐵1、3號線 Μοναστηράκι(Monastiraki)站下車後，出站後走路6分鐘可到達

路線2 漫遊順序

景點 1

美塔波里斯東正教教堂
Metropolitan Church of Athens

景點 2

古羅馬市集廣場
Roman Agora

景點 3

哈德良圖書館
Hadrian's Library

景點 4

雅典古市集
Ancient Agora of Athens

景點 5

Stairs Athens及周邊

知識充電站

哈德良皇帝是誰？

建築物用希臘諸神的名字命名並不稀奇，然而希臘建築卻用羅馬皇帝名字來命名這是為什麼呢？

哈德良是羅馬帝國五賢帝之一，在雅典統治時期 (公元 117 ～ 138) 曾多次出訪希臘，並試圖使雅典成為帝國的文化之都，因此他下令整修許多華麗的神殿，並且建設公共設施，讓雅典和斯巴達貴族參與羅馬政治，是一位希臘文化守護者。人民為了紀念哈德良，故以他的名字為建築物命名。

哈德良本尊，攝於大英博物館

景點 2 古羅馬市集廣場
Roman Agora
古羅馬人生活遺跡

公元前 19 ～ 11 年間，由朱利葉斯凱撒 (Julius Caesar) 和奧古斯都 (Augustus) 捐贈而建造，市集是一個寬敞的長方形庭院，柱廊環繞著商店和儲藏室。

市集入口旁有一座高12公尺的風之塔，被認為是世界上第一個氣象站，由雅典衛城流下來的水驅動，作為日晷、水鐘、測量風速等功用

市集廣場最重要的古蹟是雅典娜之門 (Gate of Athena Archegetis)，它位於羅馬市集的西側，由雅典人民獻給他們的守護神雅典娜。公元 267 年赫魯利人 (Herules) 入侵將雅典市民限制在羅馬防禦牆內的區域，將原先古代市集的行政和商業中心轉移到羅馬市集廣場，兩座市集通過一條道路相連。

$ 全票8歐元 ➡ 地鐵1、3號線Μοναστηρκι (Monastiraki)站下車後，出站後走路3分鐘可到達

景點 3 哈德良圖書館
Hadrian's Library
剩下一片牆的圖書館

羅馬皇帝哈德良在公元 132 年所建，長方形的建築入口，前門和高列柱塔樓皆採用科林斯柱式，柱廊環繞著內部中庭及一座水池，東側設置了圖書館、閱讀室和演講廳。圖書館於公元 267 年被赫魯利人 (Herules) 摧毀，如今只剩西側高大的牆壁和大門，需要點想像力來還原當時的輝煌。

$ 全票6歐元 ➡ 地鐵1、3號線Μοναστηρκι (Monastiraki)站下車後，出站後走路3分鐘可到達

景點4 雅典古市集 Ancient Agora of Athens

古代雅典居民生活中心

Agora在希臘文中代表市集之意，在古代則廣泛指一個公共區域，是政治、商業、社會活動，宗教和文化中心以及司法所在地。古代男人來市集購物的同時，不忘交換情報，聊聊國家大事，聽聽哲學家們辯論或演講。

$ 全票10歐元 ➡ 地鐵1、3號線Μοναστηρκι(Monastiraki)站下車後，出站後走路3分鐘可到達

知識充電站

國家級遺跡與景點開放時間

夏季08:00～20:00，冬季08:00～17:00，最後入場時間為閉館前30分鐘，元旦、聖誕節等國定節日公休，夏季也有可能因為氣溫過高而關閉，入場前請務必再查詢。

免費參觀日

3/6、4/18、5/18、9月最後一個週末、10/28，11/1～3/31每月第一個週日，入場前請務必再查詢。

http odysseus.culture.gr

景點5 Stairs Athens及周邊

雅典最讓人著迷的角落

和主要道路隔著幾條小巷弄，踏在充滿歷史感的石階往上走，路途陪伴你的不再是紀念品店，取而代之的是驚人創意的塗鴉外牆。一家家咖啡廳或露天餐廳沿著階梯開著，各有各的風格但又不衝突，許多人席地而坐，望著下方街景打發時間，可以感受到花錢買不到的氣氛。

昏暗小巷是藝術家們的天然畫布，到處都是創意無極限的塗鴉

咖啡廳和小酒館人潮擠滿階梯，當地人稱它為Plaka Stairs

古市集重點看這裡

1 赫菲斯托斯神殿 Temple of Hephaestus

隨著政權更替外敵入侵，如今只剩殘垣斷壁，滿目瘡痍，已經完全沒有當初的繁華景象，唯獨山丘上的赫菲斯托斯神殿仍保存較為完整，建造時間約在公元前 5 世紀中。

2 同名英雄紀念碑 Monument of the Eponymous Heroes

雅典政治家克里斯提尼 (Cleisthenes)，運用 10 位傳奇英雄的名字，為 10 個部落命名。

3 阿格里帕音樂廳 Odeon of Agrippa

羅馬政治家兼將軍阿格里帕 (Marcus Vipsanius Agrippa) 捐贈給雅典人民的禮物，建於公元前 15 年左右，在當時是一幢豪華的兩層樓音樂廳，最初可容納大約 1,000 名觀眾。

4 阿塔羅斯柱廊 Stoa of Attalos

在一片斷垣殘壁中，完全修復的阿塔羅斯柱廊相當醒目，是佩加蒙國王阿塔羅斯二世 (Attalus II Philadelphus) 贈送給雅典城的禮物。寬 120 公尺、深 20 公尺，一樓外廊有 45 根多立克柱式，內部則採用 22 根愛奧尼亞柱式，是雅典人聚會、閒話家常和做生意的地方。

重建後的柱廊現為古市集博物館，展示古代雅典公共和私人生活的相關古物、陶器、錢幣以及劇院門票等。

目前然保留完整的赫菲斯托斯神殿

阿塔羅斯柱廊現為古市集博物館

科羅納基區

Κολωνάκι Kolonaki

雅典最優雅時尚的街區

綠樹成蔭的科羅納基區，是雅典市中心最精緻奢華的地區，大量的獨立精品店呈現別緻新潮的氛圍，過一個街口就能遠離市中心的熱鬧喧囂。

逛街也是旅行的一部分，不一定是真的愛購物，而是喜歡到不同地方單純的閒晃，看看不一樣的潮流，探索不一樣的櫥窗設計，感受不一樣的當地創意，所以愛逛的人不要錯過科羅納基區。

各大精品品牌都座落在這區

利卡維多斯山丘

Mount Lycabettus

雅典原來這麼迷你又壯觀

277 公尺高的山丘是俯瞰雅典市中心最佳制高點，任何時段上來隨著陽光照射角度，可以看盡城市的千姿百態。白天上來時可以欣賞遼闊無際的街景、千年遺跡和現代房舍縱橫交錯，讓人心情舒適又放鬆。

最讓人期待的莫過於夕陽西下黑夜來臨的魔幻時刻，從暖暖的黃色變橘，再轉橘紅，晚霞餘暉說不清是淡粉還是淡紫的顏色，只感受到浪漫的時刻。夜幕低垂燈光、車流宛如銀河般閃閃惹人愛。遇到罷工或是天氣因素滯留雅典，這裡是消磨時間的好去處。

$ 纜車來回費用全票10歐元，單趟全票7歐元 ➡地鐵3號線ΣΤ.ΕΥΑΓΓΕΛΙΣΜΟΥ(Evangelismos)站下車，到達纜車站約600公尺距離，一路都是上坡或階梯 ◷正常30分鐘一班，線路全長210公尺，車程約3分鐘

聖喬治教堂

纜車站入口

知識充電站

Mount Lycabettus 與雅典娜的小故事

工匠之神海菲斯托斯 (Hephaestus) 在路上巧遇了雅典娜女神，內心慾火燃燒，想和她做些壞壞的事，嚇得雅典娜拔腿開溜，但海菲斯托斯的體液已留在女神的衣服上，女神隨手拿起羊毛擦乾淨再扔到地上，沒想到從大地誕生出了小生命。

雅典娜以希臘語中的羊毛 (erion) 和大地 (chthon) 將他取名為埃里克托尼奧斯 (Erichthonius)，並對他施了不死之軀的魔法，再放進箱子中祕密撫養。然而，雅典娜想增強衛城的堡壘，忙得不可開交，於是就把祕密箱託管給雅典創建者凱克洛普斯 (Cecrops) 的女兒，並交代千萬不可以打開，以免魔法被破解。

好奇心驅使下，姊妹們打開了箱子後看到一條蛇在跟一個嬰兒玩耍，嚇傻丟下嬰兒後跳河自盡。一隻烏鴉趕快飛去告訴了雅典娜，女神太震驚滑落了手中的大岩石，掉到地上後形成了雅典最高峰 Mount Lycabettus。

蒙納斯提拉奇

感受最真實的雅典古物 Vintage

一出地鐵站就感受到滿滿的人潮，周圍有幾間百年老店餐廳，街邊商店販售最原汁原味的傳統紀念品。喜歡 Vintage 古物的復古風格，就不要錯過來這區尋寶的機會，什麼都有什麼都拿到大街上賣，有的看起來真的是奇奇怪怪，但如果對你的味，這些就是無價之寶 ！

這區最適合拍照的景點，就是 A for Athens 飯店頂樓咖啡廳，是最指標性的拍照點，來過這裡，這趟旅行也算是沒白來了。

觀光客最喜歡在這區挖寶

廣場上新鮮便宜的季節性水果，最受觀光客喜愛

普西里

雅典最文青的區域

Little Kook打卡咖啡廳，一年四季都會更換主題

普西里是近來是雅典最具話題的地區之一，它保持著一種活力十足的文青氛圍。在過去幾年中聚集無數精品酒店，以及設計感十足的 Airbnb 公寓。

我非常喜歡這一區，小小區塊但有很多事情可以做。可以輕鬆地在眾多的咖啡館和餐館流連半天，或者探索炫酷的商店、藝術畫廊和街頭藝術，餐廳和酒吧直到午夜都還相當熱鬧，夜晚就是展現普西里最有靈魂的時刻。

這區餐廳酒吧Google上評價都很高，推薦Kalimeres和Thes Greek Creative Cuisine

視覺藝術家INO在sarri路上的大型壁畫Escaping Reality

雅典的當代藝術家Alexandros Vasmoulakis的創作，這幅塗鴉的有趣之處在於富有表現力的女性面孔，強烈的特徵和笑開懷的大嘴巴

掏寶趣

來雅典，買什麼？

出國怎能不帶點當地特色的紀念品？在琳瑯滿目的商品中，帶你巧妙挑選，找到 CP 值高又不貴的生活小物，讓你不手軟用歐元下架。

Forget Me Not

當代文青設計讓人失心瘋

跳脫傳統紀念品店大同小異的模式，本土設計師巧妙將希臘的文化代表元素賦予創新的設計，讓紀念品不再了無新意，還融入了質感文青風潮，更貼合現代人的風格。儘管價格相對較高，但這些獨特的商品卻令人難以忘懷。

➡地鐵1、3號線Μοναστηράκι(Monastiraki)站下車後，走路6分鐘可到達

Thiki Greece

簡約個性派單品

以藍白邪惡之眼和希臘哲學家名言為設計主軸，推出一系列純棉家用織品、環保手提袋、T 恤和文具，簡簡單單沒有過多複雜的樣式及配色，非常耐看又實用，卻也不失個人風格，如果你正在尋找原創有趣的禮物，這是掏寶的好地方。

➡地鐵1、3號線Μοναστηράκι(Monastiraki)站下車後，走路8分鐘可到達

carpo

送給重要的人最佳伴手禮店

1991 年成立於雅典的堅果和果乾專賣店，如今在雅典已擁有五家分店，並將業務擴展到遠赴倫敦等一流商品的戰區。首家店鋪雖然不大，但商品種類繁多，主打堅果，它的咖啡豆也是許多人熱愛的伴手禮。店內人潮川流不息，下手要快。

➡地鐵2、3號線ΣΥΝΤΑΓΜΑΤΟΣ(Syntagma)站下車，出站後走路約6分鐘可到達

Olive Tree Store

增添用餐氣氛的橄欖木

橄欖木餐具散發出一種讓人著迷的魔力，包括沙拉碗、肉盤砧板、蜂蜜攪拌棒、木質馬克杯等等，還有更多出乎意料的商品。每樣產品都帶有自己獨特的DNA，你可以挑選最喜愛的木紋，用產地的價格把地中海的珍寶帶回家。

➡地鐵1、3號線Μοναστηράκι(Monastiraki)站下車後，走路6分鐘可到達

Kedima

溫馨居家生活小物

一走進店裡便可感受到設計師對希臘滿滿的愛，整間店販售的居家用品展現濃厚的希臘風情，包括精緻的刺繡桌布、沙發抱枕以及芳香保養品等，都在等待欣賞它們的主人，要在新家扮演好自己的角色，讓你的住所煥然一新。

➡ 地鐵1、3號線Μοναστηράκι(Monastiraki)站下車後，走路4分鐘可到達

敲碗美食

來雅典，吃什麼？

在觀光客的一級戰區中，餐廳門口服務生熱情招呼著，選擇多到眼花撩亂，如果你是懶得找餐廳的旅人，不仿看順眼的就進去飽餐一頓，畢竟在蛋黃區中許多都是老店，能屹立不搖開業代表有一定的水準。

經典必吃美食

擁有超高人氣又能歷久不衰，來雅典就吃這些當地人也推薦的日常小吃，觀光客對這些小吃口味的接受度很高，價格也合理。

近 Syntagma Square 憲法廣場

Souvlaki Kostas

公認雅典最好吃

小小一家藏身在巷弄中，真的非常不起眼，但卻是在地人和觀光客吃過都會推薦的人氣名店。外觀樸實無華的希臘捲餅Souvlaki，大部分都會加上薯條來增加香氣，但這家沒有這個配料。它用烤得剛剛好焦香的Pita餅，配上鮮嫩多汁的肉串，醬料是老闆自己調配的黃金比例，有希臘優格醬和少量洋蔥、幾片番茄，最後撒上少許香料，喜歡吃辣的記得跟老闆說要加辣椒粉，一口咬下，沒齒難忘的好味道。

➡地鐵2、3號線ΣΥΝΤΑΓΜΑΤΟΣ(Syntagma)站下車，出站後走路5分鐘可到達

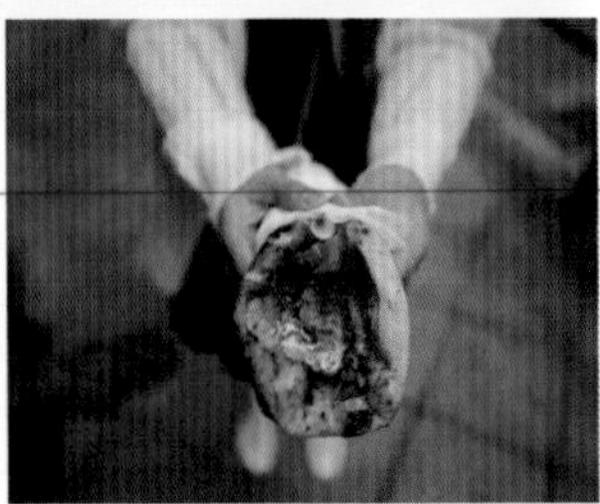

被許多媒體喻為雅典最棒的街頭美食之一，人潮和電話訂單擁擠時，大約需等待20分鐘

店門口放著1950年第一代老闆的照片，店內滿滿名人推薦牆

近 Monastiraki 蒙納斯提拉奇地鐵站

Hoocut

五位名廚賦予 Gyros 新靈魂

餐廳名稱的靈感來自於屠夫的鉤子 (Hook)，以及切肉的方式 (Cut)，五位擁有食物創造力和尊重簡約本質的名廚 (其中一位曾榮獲米其林肯定)，將街頭美食改頭換面端上桌。這裡會現場揉捏新鮮麵團製成皮塔餅，再將它烤到表面微焦、麵香四溢。

現場有開放式廚房，可以清楚看到完整製作過程，一位廚師負責烤餅皮，一位負責加內餡，另一位賣力的剁碎肉塊。為了掌握肉質的鮮度與口感，他們自己創立了肉品工廠，確保食材的品質。

➡地鐵1、3號線Μοναστηράκι(Monastiraki)站下車，出站後走路5分鐘可到達

將熱騰騰剛燒烤過後的肉，用訂製的半月形刀(Mezzaluna)切成薄片加入香腸，再搭配白菜沙拉翻轉老滋味

尺寸較小，適合胃口小或想要嘗試更多食物的人

近 Central Market 中央市場

Karamanlidika

如果你在雅典只有一餐，就來這吧！

Karamanlidika 位於一棟經過修復的新古典主義建築內，設有室內和室外座位，店內用各式醃製肉品當成裝飾，氛圍就像在肉舖裡面用餐，不管是餐點或是店內環境，都令人印象深刻。

通常在鬧區的傳統餐廳，菜單看來看去都長得差不多，但來到這家可不同囉，他們以傳統料理當基底，再加上改良式的調理手法，搖身一變成希臘傳統創意料理。用餐氣氛很棒，上菜到用完甜點，整體節奏都抓得剛剛好。

➡地鐵1、3號線Μοναστηράκι(Monastiraki)站下車，出站後走路8分鐘可到達

主打菜色有綜合起司火腿拼盤、醃肉沙拉以及香椒馬鈴薯牛肉

收集米其林 (Michelin) 星星

雅典的米其林餐廳數量不多，主打的也不完全是希臘傳統料理，但當你走進餐廳到用完餐，整個過程都會讓你津津樂道，必須要親自去體驗一下。

Spondi Restaurant

低調摘星食物藝術家

Spondi Restaurant 曾榮獲米其林二星殊榮，以及 Golden Chef's Hat Award 評選為希臘最佳餐廳，他們以法國和希臘的食材為基礎，有兩種菜單選擇：一個是單點提供各種菜肴；另一個是名為發現 (Discovery Menu) 的套餐。

內部空間簡單沒有過多裝飾走質感路線，其中還有收藏豐富葡萄酒的國際灸較，搭配餐點更加完美。夏季時特別推薦庭院座位區，令用餐體驗更加分。請注意，這裡會季節性更換菜色，預約時請再次確認菜單。

$ 145歐元起／人 ➡ 有軌電車T6號線Ζάππειο (Záppeio)站下車，出站後走路10分鐘可到達

從前菜、主餐到甜點，各個都有亮點像畫一樣美

唇齒留香的麵包，會讓人願意再上門一次

貼心提醒 米其林用餐注意事項

1. 請依照餐廳氣氛酌情打扮，最重要的是乾淨體面！
2. 到訪前先研究餐桌禮儀，避免失禮。
3. 有不了解的是像，請舉手向服務生發問，避免到處走來走去。
4. 餐廳一般都會詢問有沒有對任何食材過敏，請先記住 Allergic(過敏的) 單字。
5. 許多米其林餐廳都有網路預約服務，同時會收取押金，建議造訪前先預約。

Soil restaurant

大地哲學發揮食材新鮮滋味

Soil restaurant 曾榮獲米其林一星以及綠星殊榮，主廚 Tasos Mantis 曾在各國多家米其林餐廳擔任重要職位，以經典紮實的希臘烹飪基礎以及北歐料理手法，烹製現代時令美食。

這裡的每道料理都精緻巧妙地盛在小盤子上，突顯了從最初種植農場或生長地的原始鮮味到餐桌的概念。

$95歐元／人 ➡有軌電車T6號線Ζάππειο(Záppeio)站下車，出站後走路10分鐘可到達

半開放式廚房，可以一窺米其林料理的誕生地

擺盤精緻現代，光用眼睛看就少女心大噴發，每一口都展現出豐富的風味和獨特的口感

Nolan

不設限的料理魂蹦出新滋味

Nolan 誕生於 2016 年，以希臘風味為基礎，不受區域限制，不屬於任何類別，他們將廚師自己喜歡吃的食物，同樣端上餐桌。記憶中祖母的料理、越南或北京的街頭小吃，都是他們創意的靈感來源。菜色種類雖然不多，卻每一道都能以獨特的風味，從視覺到味覺為顧客帶來全新的料理饗宴。

$60歐元／人 ➡地鐵2、3號線ΣΥΝΤΑΓΜΑΤΟΣ (Syntagma)站下車，出站後走路4分鐘可到達

雖然分量不多，但獨特的滋味讓人很懷念

餐廳風格和菜色都走向精緻極簡

特色街頭料理

雅典是大城市，因此各國料理選擇也非常多，內行的就會到巷弄中找尋 Street Food，品嘗最道地的美味！

近 Syntagma Square 憲法廣場

Birdman - Japanese Pub + Grill

地中海風的日式串燒

走過路過很難不回頭看一下，因為香氣實在太誘人了，明明才剛吃飽，聞到香味後還是進去喀了幾串。

原汁原味將日式串燒完美複製至雅典，烤雞屁股、雞肝、雞心都經過精心處理，味道絕佳，一點也沒有腥味。此外，牛肉握壽司也令人讚不絕口，彷彿重現了在日本街頭小酌一杯的美好情景。

➡地鐵2、3號線ΣΥΝΤΑΓΜΑΤΟΣ (Syntagma)站下車，出站後走路5分鐘可到達

打開店門就像通過任意門，一秒來到日本居酒屋

近 Monastiraki 蒙納斯提拉奇地鐵站

SMAK

雅典街頭小吃的新代表

船型希臘披薩 (Peynirli) 起源於大約 100 年前，由黑海移民引進希臘。這款披薩在點餐後現場烤製，以蓬鬆厚實的餅底為基礎，搭配豐富的奶酪和各種配料，兩端巧妙折疊而成，外觀酥脆，食材在中間則美味地融化！

每當路過這家店門口，總能見到排隊等候的食客。究竟是什麼樣的美味引來眾多人潮？只有親自嘗試過，才能理解為何附近的上班族和遊客都願意花時間前來品味。

➡地鐵1、3號線Μοναστηράκι(Monastiraki)站下車，出站後走路8分鐘可到達

不得不說，吃了這麼多西方食物，這個真的很對味

熱門打卡咖啡廳、甜點店

在雅典，各種風格獨特的複合式咖啡館散落在巷弄中。來到歐洲，早上若不品嘗一杯咖啡，就不免缺少歐洲生活文化的一部分。

甜點被譽為人生中最重要的精神食糧，尤其是冰淇淋，再多也總是能品嘗得下。街頭巷尾處處可見冰淇淋或甜點店，絕對不會讓人失望。

近 Thēseio 地鐵站

MINU ATHENS

雅典市區中的一片綠洲

Minu 背後的整個理念源自對小型設計的熱情。店名 Minu 取自英文 minutia，即「小細節」，這個概念在整家店裡得到了極致呈現。一踏入店門，隨處可見的細節使每個角落都成為焦點。

雖然桌椅看似隨意擺放，卻在整體規畫中巧妙地打造出適合朋友聚會的小天地。店內的吧檯區、沙發區，以及各種不同風格的桌椅混搭，展現出極具藝術感的和諧氛圍。

無論你去過多少咖啡廳，這家絕對會令你難忘

➡地鐵1號線Θησείο(Thēseio)站下車，出站後走路3分鐘可到達

咖啡師的手沒停過，帶領大家走進咖啡的香醇世界

近 Monastiraki 蒙納斯提拉奇地鐵站

Dope Roasting Co

咖啡香瞬間讓人心醉

六扇大型天窗提供了店內自然的光線，搭配位於入口處的綠色牆壁，打造出一種半室外的氛圍。營業前，門外總是有人潮擠擁而至，迫不及待地等待開門的那一刻。

新鮮烘培的咖啡香四溢，隨時都能品嘗到來自各產區、經過淺焙到深烘焙的不同風味精選豆。咖啡師手上的動作從未停歇，巧妙引領著顧客進入咖啡的香醇世界。

➡地鐵1、3號線Μοναστηρκι (Monastiraki)站下車，出站後走路3分鐘可到達

近 Acropoli 雅典衛城地鐵站

Little Tree Books and Coffee

咖啡香、書香完美結合

這是於衛城山腳下住宅區中的一間小小書屋，周圍被林蔭包圍著，對面看出去是典雅的住宅，早晨最需要靜下心的時刻，來到這裡相當舒心。

這裡有傳統的阿嬤家碎花石地板，以及有點復古風味的家具，選擇一個最想賴在那邊的王位，並搭配豐富的輕食，為早晨增添一份美好。

➡地鐵2號線Ακρόπολη(Acropoli)站下車，出站後走路5分鐘可到達

一開門還沒什麼人潮，這時可以盡情享受被書香圍繞著的文藝氣息

近 Acropoli 雅典衛城地鐵站

Django Gelato Athens

超推最愛冰淇淋店

店面開在非觀光鬧區，和當地人講到這家冰淇淋店，他們會露出「你很懂，是吃貨」的表情！的確，這家冰淇淋店將食材的原味用用冰淇淋的形式呈現，隨著季節變換會推出不同的季節限定口味，像是辣巧克力口味，顧客可以品嘗到滿滿的驚喜。

初開店時，他們只提供咖啡，需等開店1到2小時後，才能品嘗到新鮮現做的冰淇淋，因此晚去的話選擇可能就相對較少了。

➡地鐵2號線Ακρόπολη(Acropoli)站下車，出站後走路5分鐘可到達

近 Monastiraki 蒙納斯提拉奇地鐵站

LUKUMADES

超邪惡甜點！好吃到舔餐具

開店概念相當出色，以簡單而現代的風格重新詮釋經典的 lukumádes，保持了原汁原味的美味，並巧妙地加入了蜂蜜和肉桂的獨特組合。店面經常看到長長的排隊人潮，也是飯店和民宿推薦的必訪名單。減肥是旅程結束後的計畫，一定要點加醬加冰淇淋，最罪惡的口味來吃。

➡地鐵1、3號線Μοναστηράκι(Monastiraki)站下車，出站後走路3分鐘可到達

超人氣 BAR

在展開雅典夜晚的冒險之前，首先要知道，這裡的夜生活是不會在 22:00 之前啟動的。餐館和小酒館通常直到凌晨 2:00 才結束營業，而雅典的酒吧和迪斯科舞廳更是一直持續營業到早晨。

近 Monastiraki 蒙納斯提拉奇地鐵站

The Clumsies

NO.1 世界第一酒吧

The Clumsies 是由兩位調酒冠軍打造的微醺夢境，無論是高檔雞尾酒、家常美食、希臘人的熱情好客還是迷人的氛圍，都讓 The Clumsies 成為一個讓每位顧客都感到賓至如歸的地方。入口處乍看很像普通的民宅入口，稍不留神便可能錯過，然而內部卻藏著一個讓人沉醉的小宇宙。

在 2020 年獲評為全球第一的酒吧，最推薦的座位是吧檯區，可以一邊欣賞調酒師傅調配美酒的每一個精采瞬間，絕對是讓人心曠神怡的絕佳觀賞位置。

➡ 地鐵1、3號線Μοναστηράκι(Monastiraki)站下車，出站後走路8分鐘可到達

近 Monastiraki 蒙納斯提拉奇地鐵站

Dos Gardenias

想起巴拿馬街道、古巴色彩和加勒比海異國情調

店內播放 1940 年代的古巴情歌，將雅典帶回歷史悠遠的古巴。這裡有華麗的大理石吧檯、繽紛的瓷磚，以及藍色殖民風格的吊扇。裝飾元素都靈感來自 50 和 60 年代，夜晚在重節奏的薩諾舞曲中，整群人跟隨舞者進入熱情的薩諾狂歡，即便不擅長舞步，搖擺一下也能輕鬆融入其中。

➡ 地鐵1、3號線Μοναστηράκι(Monastiraki)站下車，出站後走路8分鐘可到達

相當有殖民地風情的酒吧門面

住宿推薦

來雅典，今晚住哪兒？

雅典的各個景點都非常集中，不論是搭地鐵還是步行觀光都相當方便。在選擇住宿時，建議可以考慮四大區域，每個區域都擁有獨特的優勢和氛圍。

憲法廣場 (Syntagma)

喜歡利用大眾運輸前往機場或港口的旅客，或是喜歡買時尚服飾、球鞋等單品的人，這裡絕對是理想之地。此區域集中了眾多高檔五星級飯店，儘管住宿費用較高，但在 Airbnb 上您也能找到經濟實惠、清潔舒適的公寓選擇。

Hotel Grande Bretagne, a Luxury Collection Hotel, Athens(五星級酒店)

市區內最奢華、輝煌且極具貴族裝潢的指標性飯店。於 1896 年奧運會首次恢復舉辦時，成為外國使團、政治人物以及皇室成員的正式接待場所。

就算沒有入住也可以選擇到頂樓餐廳用餐，或到大廳商品店逛逛

Gatsby Athens Hotel (五星級飯店)

這座原本被遺棄的大樓，經由希臘知名建築公司 WOA 的改建，蛻變成一座優雅且強調自然生態共存的現代精品飯店。

普拉卡、衛城周圍 (Plaka&Acropolis)

踏入這一區，伴隨而來的是優美的希臘傳統樂曲，這裡是雅典最早發展的地區，古老的韻味重新瀰漫，散發出令人陶醉的氛圍。如果感受滿滿的懷舊希臘風，這區會是最佳的選擇。

Acropolis Stay (B&B)

地理位置相當好，評價很高，價格也是中價位。房間色系明亮乾淨，整體空間不會太小，設備完善，早餐選擇多樣化。

科羅納基區 (Kolonaki)

這區雖然是高級住宅區，但住宿費並不會特別貴，可以用合理的價格入住房價最高的蛋黃區。

Monsieur Didot(設計旅店)

外觀看起來與路上許多新古典主義建築相似，但這裡的歷史背景非常悠久，曾是約翰．藍儂 (John Lennon)50 年前訪問這座城市時的住所。每一間房間都有獨特的名字，反映著各自獨特的個性和特色，住在其中彷彿在書寫一個屬於自己的旅行故事。

蒙納斯提拉奇、普西里周圍 (Monastiraki & Psyri)

雅典住宿最推薦選在普西里，這區有許多特色住宿，建築都有百年以上的歷史，內部裝潢也非常有設計感。夜幕降臨之後，這裡成為城中最具有生活氣息的地帶。

Moon and Stars Boutique Hotel (設計旅店)

簡單卻充滿故事性，從櫃檯、樓梯間到房間每個角落都像電影場景。

Athens City View (CP 質高的衛城景觀房)

想要在自家陽台上欣賞衛城美景的房價通常較為昂貴。經過比較後，這間是相對親民的選擇。透過窗外望出去，可以看見雅典市第一座東正教教堂—聖艾琳教堂。

中部山城

遺落於山間的鄉村之美

大家對希臘最深刻的印象總是停留在地中海的藍白島嶼，卻忽略了占總面積 80% 的山地。山城的知名度雖遠遠比不上小島，但可看度絲毫不遜色，在山區當中有許許多多靜謐小巧迷人的山城，小鎮純樸悠閒步調慢，少了點商業喧鬧的色彩，多了些原味鄉村風格。

每當翻越一座山，你也能充分體會到古希臘因地形影響而必須以城邦形式存在，難以統一成一個國家的歷史原因。

阿拉霍瓦

Αράχοβα/Arachova

冬季滑雪度假天堂

距離雅典約 160 公里，海拔 968 公尺，是希臘少數幾個在冬天比夏天還熱門的城市，鄰近高 2,457 公尺的帕那索斯山 (Mount Parnassus)，是希臘著名的滑雪勝地，在每年 12 ～ 4 月開放，它是冬季運動愛好者的天堂。

阿拉霍瓦地圖

住宿在山腳下方的 Arachova 最為便利，超迷你的小村落擁有許多新潮的商店和咖啡館，環繞著草原和風景如畫的灰色石頭房屋，紅瓦屋頂緊貼著陡峭的山坡景觀，可以感受到希臘高山自然之美。

經典韓劇《太陽的後裔》在這取景掀起話題，因此成為亞洲遊客造訪景點，同時也是前往 Delphi 或 Kalambaka 途中會經過的小山城，可以當成中繼點。

交通資訊

- **自駕**：從雅典市區出發約 2 小時可到達阿拉霍瓦市中心
- **公共巴士**：從雅典的 Liossion KTEL 巴士站 Terminal B，開往德爾菲 (Delphi) 或阿姆菲薩 (Amfissa) 的 KTEL 巴士，車程時間約 3 小時，發車時間可上網查詢

http www.ktel-fokidas.gr

韓劇拍攝打卡點

不管從遠處觀望或是沿著狹窄的鵝卵石街道散步，都是一座很優美的小山城，安排約 3 小時，沉浸在小鎮寧靜緩慢時光，探索村莊的傳統特色再到家庭式餐廳用餐，相信會帶給你不一樣的希臘回憶。

鐘樓

Το ρολόι της Αράχωβας/ Clock Towe o Arachova

教堂建於 18 世紀初，是當地著名的代表性景點。在 1870 年的地震中，部分教堂被摧毀，但鐘樓卻完整地保留下來，成為遊客的攝影主題。在過去，這座教堂曾被用作保存食品和奶酪的天然冰箱；而在戰爭期間，它更是當地居民藏匿的地方，成為保護重要物品的避難場所。

《太陽的後裔》醫生和軍官天臺浪漫之吻，就是在這裡拍攝

小鎮街景

這座看似寧靜平凡的小鎮，其建築多採用石頭堆砌，增添不少細緻和溫暖感。隨處可見的露天咖啡廳，彷彿置身於一幅充滿歷史感的電影場景中，讓旅人在此瞬間成為故事的主角。

國際化潮流服飾店，可以穿出時尚的氛圍

當地教堂Church of the Assumption of the Virgin Mary莊嚴隆重

敲碗美食

來阿拉霍瓦，吃什麼？

儘管身處山城，但這裡的設計和口味都走向國際化。漫步在主要街道上，每家餐廳飄散出的香氣都十分誘人！

超溫馨鄉村家庭小館

Ταβέρνα ΓΕΦΥΡΑ

在附近拍照就聞到陣陣食物香氣，沿著香味找到這家位置超好的家庭料理餐廳。一踏入餐廳，立即被震撼，這家 270 度環景餐廳，絕對是當地欣賞風景最無死角的地方。點完餐後，看到廚師哼著歌曲烹調食物，工作人員間的互動也相當融洽，整體氛圍極為舒適。

➡從民族博物館出發走路3分鐘

韓劇《太陽的後裔》下午茶約會

Belleville Patisserie et cafe

外觀是低調卻充滿歷史感的石頭建築，一踏入前廳即感受到明亮簡潔的氛圍，琳瑯滿目的蛋糕和豐富口味的巧克力陳列櫃，令人目不暇給。進入現代溫馨的咖啡廳，木紋搭配色彩繽紛的桌椅，再加上窗外明媚的風景，開放空間中彌漫著高質感的氛圍，是左鄰右舍常聚的聚會場所。

➡從民族博物館出發走路3分鐘

知識充電站

小鎮特產──山羊奶奶酪 (Arachova's formaela cheese)

只有在阿拉霍瓦製作的奶酪才能被稱為 Formaela，類似 Saganaki，具有特定的圓柱狀，外殼堅硬具有粘性，呈淺黃色，通常被烤或油炸。

德爾菲

Δελφοί/Delphi

古希臘神話的世界中心

在希臘神話中，宙斯尋求世界的中心，派出兩隻老鷹，一隻往東方飛，另一隻往西方飛，而德爾菲則是他們在環繞世界之後相遇的地方。

德爾菲地圖

德爾菲名稱由來有各種說法，最可信的據說來自於海豚 (Dolphin ／ δελφις) 傳說。阿波羅為了在這個地方創建教派，親自挑選神諭不可或缺的神官，看上了克里特的貿易商，化身海豚將商人帶到德爾菲作為最早的祭司。

在古代，德爾菲是最重要的泛希臘神諭，它被列為世界上最神聖的 100 個遺址之一。起初，該遺址是祭祀大地之母蓋亞 (Gaia) 的聖所，並由可怕的巨蟒皮同 (Python) 守衛，後來因阿波羅找尋神諭領地時，喜歡上這裡莊嚴廣闊居高臨下的地勢，射殺了皮同，取而代之德爾菲成為阿波羅的聖地。

在過去，君王、政治家和將軍都會聚集在這裡尋求阿波羅神的有利神諭，幾個世紀以來一直是希臘世界的文化和宗教中心的象徵，1987 年列入聯合國教科文組織的世界遺產名錄。

交通資訊

- **自駕**：從雅典市區出發約 2 個半小時，可到達德爾菲市中心
- **公共巴士**：從雅典的 Liossion KTEL 巴士站 Terminal B 每天都有發車，車程時間約 3 小時，發車時間建議上網查詢。

http www.ktel-fokidas.gr

德爾菲
世界文化遺產

見證古代神諭輝煌榮景

遊客造訪德爾菲的主要目的在於見證歷史，探訪古代遺跡以及保存文物的博物館。由於遺跡歷經多次興衰，建築物並未完全保留，建議遊客先參觀博物館，觀賞模擬還原圖和出土文物。透過博物館的參觀，遊客能建立基本概念，並藉由想像力為之後需要體力登高參觀的遺跡做好準備。

德爾菲考古博物館
Delphi Archaeological Museum

讚嘆古人巧奪天工細緻雕刻

考古博物館收藏了德爾菲神諭，以及附近發掘出土的大量文物。多數展品都是從古希臘到羅馬時代期間捐贈給聖所，豐富的藏品主要包括青銅器皿、人物雕塑、金銀象牙，或是德爾菲諸多古建築遺址的一部分。博物館共有 14 間展間，展品按歷史年代展出，可以勾勒出清晰的歷史輪廓。

$夏季全票12歐元(門票包含參觀遺跡)、冬季全票6歐元 ?1.拍照時不要擺姿勢請直立站好，不行使用閃光燈2.不可觸摸展示文物3.遺跡和博物館使用同一張門票，請保存好勿亂丟

德爾菲考古博物館

看點1 Room I-II 早期的祭品
The Begnnings of the sanctuary

一踏進博物館，眼前展現的是聖殿的早期歷史。其中包括泥土雕像、幾何青銅雕像、來自東方的青銅三腳架，以及來自塞浦路斯的盾牌等展品。此外，館內還陳列了一張模擬古代盛況的還原圖，生動描繪了德爾菲聖地昔日的璀璨景象。

德爾菲遺跡還原圖

看點2 Room III 古風時期
The early Archaic period

雕像被認為是古風時期風格 (Archaic Greece 800 ～ 480 BC.)，左腳在前右腳在後，這是為了幫助雕像站立不倒，手肘緊貼大腿，雙手緊握拳頭，頭髮長又厚實幫助脖子支撐頭部，眼睛很大呈杏仁狀，臉上總帶著典型的古老神祕微笑，這種完美對稱的方式展現了人類的特徵。

10大看點

在古希臘，Kouros（代表男青年）雕像通常呈現獨立且裸體的形象。這些雕像並非僅描繪神靈或政治領袖，即便是凡人，他們也值得被紀念或奉獻給神靈。

阿果斯雙胞胎(The twins of Argos, Kleobis and Biton 580 BC.)

Room IV 神聖之路祭品
The Sacred Way votive pit

古希臘時期東希臘城市所奉獻的祭品，飾品、衣服是黃金或是鍍金，表面捶打細緻的圖騰和動物浮雕，身體部分則是象牙。黃金象牙打造的頭像 (The chryselephantine 6th c. BC.)，描繪阿波羅帶著有金色頭飾。

這裡還有一座長約 230 公分的金銀製公牛珍貴物品，牛身為木製品，裂口採用泥土、蠟或泥灰填平，外層覆蓋上銀製和鍍金薄片，再用青銅鉚釘固定。推測捐獻者是呂底亞國王克羅伊斯 (The king of Lydia Kroisos) 。

Room V 獅身人面像
The Sacred Way votive pit

根據傳統神話故事，獅身人面像的臉上有一個神祕的微笑、母獅的身體，以及鳥的翅膀。這座雕像採用 Naxian 大理石 (從基克拉迪斯的納克索斯島開採)，雕像的整體高度，柱子及其底座高 12.45 公尺。

銀牛(The silver bull 6th c. BC.)

五官的呈現、睫毛、眼珠，手工雕刻相當細緻

Room V 錫夫諾斯的寶庫
Treasury of the Siphnians

寶庫以其獨特的美感和華麗的雕塑裝飾而聞名。寶庫的門柱由兩位 Korai(年輕女性雕像) 支撐，這種獨特的裝飾呈現出充滿律動和可塑性的女性形象，與一般常見的希臘柱式有所不同。女像柱的設計展現出罕見的美感，為這座建築增添了獨特的藝術風采。

東面山牆是海克力士和阿波羅三腳鼎之爭，楣飾則是特洛伊戰爭和眾神爭論

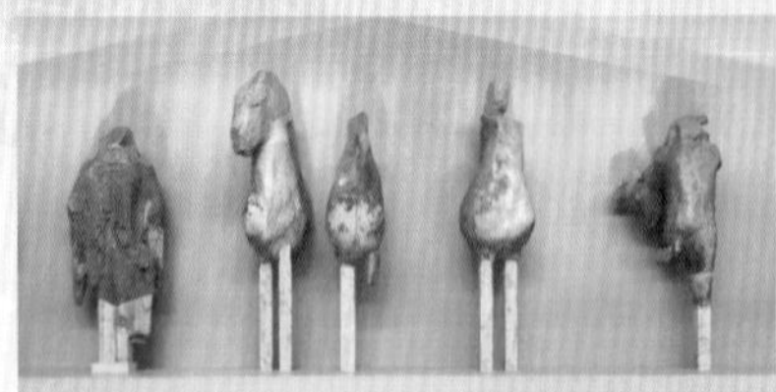

早期東面山牆 510～500 BC.，描繪阿波羅站在四匹馬戰車上來到德爾菲

當阿波羅去靈修進化時，酒神戴奧尼索斯就來幫忙看殿

看點 6 Room VI 阿波羅神殿
The Temple of Apollo

神殿在公元 390 年受到羅馬皇帝狄奧多西一世以基督教的名義摧毀了寺廟，再加上主要建材是使用石灰石、多孔石頭等較不堅固，留下的雕像大多是山牆上大理石雕刻，因此格外珍貴。

據說阿波羅神廟的入口處刻著三句箴言：認識你自己（γνῶθι σεαυτόν）、凡事不過分（μηδεν αγαν）、妄立誓則禍近（ἐγγύα πάρα δ'ἄτη）。

Room VII-VIII 雅典人的寶庫
The Treasury of the Athenians

公元前 490 年雅典人在馬拉松戰役中勝利後，為紀念這一重大事件而建造的寶庫。寶庫的楣飾上描繪了忒修斯的事蹟，以及海克力士的挑戰，象徵著戰爭的勝利和英勇的戰士。

舉辦Pythian festival時，讚美阿波羅的音樂符號刻劃在大理石上，歌曲可在YouTube上搜尋

墳墓中發現的高腳酒杯，Apollo頭上帶著月桂花環，坐在獅子抓子形象的椅腳上

Room XI 古典晚期和希臘化時期 Late Classical and Hellenistic periods

這展間最出眾的便是被古希臘人視為世界的中心，象徵大地的肚臍 (The omphalos)，有另一說法是說，這顆石頭是希臘神話故事中，瑞亞用一顆羊毛包裹的石頭偽裝成宙斯，送給克洛諾斯吞下肚。

另一個醒目的三位雕像赤腳懸在空中，雙臂高舉，看起來像舞者，命名為跳舞女柱式。

Room XII 希臘化晚期和羅馬時期 Late Hellenistic and Roman periods

哈德良是古典希臘的崇拜者和狂熱的信徒，常伴他身邊的，是一位俊俏年輕人安提諾烏斯。某天安提諾烏斯神祕地死於尼羅河，哈德良為紀念他，在德爾斐聖殿內豎立了一座雕像 (Marble statue of Antinoos)，從此安提諾烏斯被當作神一樣受到尊敬和崇拜。

濃密的頭髮垂落在額頭和臉頰上，頭歪一邊增添了悲傷的氣質

考古學家研究後表示，石頭肚臍放置在柱子頂部，由三位舞者支撐著

看點 10

Room XIII 青銅馬車夫 (The Charioteer) 鎮館之寶

保存最完好的古希臘青銅雕像之一，是優勝者贏得戰車比賽製作雕像向阿波羅致敬，觀看重點：

- **臉部表情**：身為戰車競賽的勝利者，面對人群控制優勝的喜悅，表現謙虛的態度。根根分明的睫毛和嘴唇由銅製成，眼睛由瑪瑙製成，仔細看嘴巴裡連牙齒都完整呈現。
- **身體姿態**：長長的戰袍覆蓋勻稱的肌肉線條與體態，姿勢保持平衡。背部和肩膀上穿過的兩條肩帶也是典型的戰車賽車服裝，能夠阻止空氣進入長袍中。
- **轡繩**：手中糾纏不清的轡繩提供了良好的平衡。

德爾菲考古遺跡
Delphi Archaeological Site
親臨感受太陽神的權勢

宏偉的紀念性建築群，罕見地融合自然與人造環境，呈現出一座經典巨作。德爾菲考古遺跡是一座獨特的紀念碑，是古希臘世界遺留給後代的無價遺產。參觀完博物館後，沿著休息區約走 3 分鐘就能抵達遺跡入口。

德爾菲考古遺跡 7 大看點

看點 1 神聖之路 Sacred Road

起源於古代時期的神聖之路，在羅馬時期晚期鋪設，朝聖者沿著路線行進，這條路上擺滿了雕像及每個城邦的獻祭，這些紀念碑通常紀念重要事件，例如戰爭中的重要勝利。也有些紀念碑獻給阿波羅，感謝神諭指示或他對城邦的恩惠。

遺跡毀壞嚴重，參觀時要有點想像力

看點 2 大地肚臍 The Omphalos

真跡位於德爾菲考古博物館中，(請見P.87)，這裡展出的是大地肚臍複製品。

象徵世界的中心

看點 3 雅典人的寶庫 Treasury of the Athenians

沿著神聖之路前進，約 200 公尺的路徑上分布著 20 多個寶庫，其中保存修復最完整的，就是雅典人在公元前 490 年對抗波斯人的馬拉松戰役勝利所贊助的寶庫。中楣上描繪了海克力士和忒修斯的英勇事蹟，而寶庫的牆面上刻有兩首阿波羅讚美詩。

阿波羅聖殿
Temple of Apollo

根據傳說，第一座阿波羅神殿由月桂樹枝製成，第二座是蜂蠟和羽毛，第三座是青銅器，而第四座則由傳說中的建築師在阿波羅本人的幫助下建造。現存遺址於公元前 510 年左右由雅典 Alkmaeonid 家族完成。這是一個多立克式的神殿，末端有 6 根，兩側有 15 根，公元前 373 年被地震摧毀，現僅存 6 根柱式。

古劇場
Ancient theatre of Delphi

這是 Pythian festival 和其他宗教節日的音樂比賽 (歌曲和樂器音樂) 舉辦的地點，劇院可以容納 5,000 名觀眾。

競技場
Ancient gymnasium of Delphi

最初它專門用於訓練運動員。在體育館內進行田徑運動、摔跤和拳擊等活動。然而，在希臘化時期，體育館成為知識發展的中心，並舉辦文化活動，包括演說家、詭辯家、哲學家和詩人的講座。

雅典娜普羅納亞神廟
Tholos of Athena Pronaia

從古劇場可眺望一座優雅的神廟，中心是一座圓形建築，外柱廊由 20 根多立克柱子支撐著，內殿則採用 10 根科林斯式圓柱，高 13.5 公尺，推估於西元前 380 ～ 370 年間建造，用作冥府的祭祀。

女祭師 (Sibyl) 石頭

女祭師 (Sibyl) 坐在這顆石頭上，傳說中會從地底下冒出天然氣，聽取神諭。照片中間有一根白短的柱子，是史芬克斯雕像的位置，放在阿波羅神殿前的正中央顯著的位置，代表納克索斯人接收神諭的優先權。

卡蘭巴卡

Καλαμπάκα/Kalambaka

巨石腳下歷史悠久古城

卡蘭巴卡是色薩利最古老的城市之一，在土耳其統治期間，將這塊土地命名為 Kalambaka，意為強大的堡壘。周圍環繞著崎嶇壯觀的岩石，和城市自然和諧共處，從遠古時代一直到現今，這是一個充滿著自然景觀和神聖景觀的地方。

卡蘭巴卡地圖

造訪梅提歐拉之前一定會經過卡蘭巴卡，每年吸引上百萬觀光朝聖者的到來，雖然也是觀光勝地，但保持古城較鄉村純樸的風味。小鎮不大但有許多紀念品店、文青小物店、餐廳和酒吧林立，並且都開到將近凌晨，價格也相當親民，是很舒服又很好逛的城鎮。

交通資訊

- **自駕**：從雅典市區出發約 4 個半小時可到達卡蘭巴卡市中心
- **公共巴士**：從雅典的 Liossion KTEL B 巴士站每天有從雅典到卡蘭巴卡的巴士，車程時間約為 5 ～ 6 小時，中途會在 Trikala 轉車，詳情請上網查詢。

http www.ktel-trikala.gr

- **火車**：從雅典的 Athens Railway Station 每天有從雅典到卡蘭巴卡的班次，車程時間約為 5 小時，發車時間建議上網查詢。火車站位置在 M2 紅線，Larissa 地鐵站旁。

備註：目前因 2023 年重大事故與洪水侵襲，採取一段火車一段巴士的方式接駁，完全通車時間尚未確定。

http www.hellenictrain.gr

貼心提醒 **留意班次和小偷**

巴士和火車班次狀況比較多，出發前請多留意發車時間是否有異動。車站小偷多，請多留意財產安全。

梅提歐拉 (Μετέωρα/Meteora)

數以百計的巨石柱在色薩利平原 (Thessaly) 上攏起，平均高度為 400 公尺，其中一些高達 600 公尺，覆蓋約 30 公里的區域。岩體形成於大約 6,000 萬年前，其獨特而多樣的形狀，推估是隨著時間的推移被地震、雨水和風雕成的，形成獨特的地質現象。

11 世紀左右，修道士為了逃離土耳其軍隊的迫害，選擇徒手攀爬到懸崖峭壁的洞穴中，除了避難之外，也尋求遠離塵世喧囂的靈修之地。1344 年，Saint Athanasios 選擇此地當作隱居之地，並將這裡命名為 Μετωρα，源於希臘文 meta and aeiro 縮寫，意義為存在於天地之間，懸浮在空中。

在隨後的幾個世紀中，這裡建造了數座修道院，所有人都必須採用攀登石柱、爬梯子、被繩索和網袋拖拉等危險方式上下修道院，並將建築素材一磚一瓦的運送到平坦的石頭上。色薩利被土耳其占領期間 (1393 ～ 1881 年)，修道院成了與世隔絕並有希望的地方。

1988 年，修道院及其令人讚嘆鬼斧神工的風景，被聯合國教科文組織列為「世界自然與文化雙遺產」。鼎盛時期有 24 座修道院，現在只剩下 4 座男子及 2 座女子修道院開放給大眾參觀。

注意事項

1. 所有修道院進入到教堂內後，皆有告示牌標示禁止拍照、錄影，請勿偷拍。戶外區塊則開放拍照。
2. 出發前請再次確認修道院開放時間，也可以詢問當地飯店櫃檯。
3. 參觀時請保持安靜，盡量不要拍攝修道士和修女，或詢問後再拍。
4. 著裝不宜露出背膀，下半身女生以過膝長裙為佳，男生以長褲為主。如果忘記帶合適的衣服也不用擔心，入口都有提供披肩，某些需要收費。

$ 每間修道院全票3歐元 ➡從Kalambaka市中心出發約10分鐘可到達修道院各個停車處，從階梯底上到大門口需5～10分鐘 ⌛建議一間修道院平均參觀時間為60分鐘

梅提歐拉 6 大看點

看點 1 The Holy Monastery of Great Meteoron
參觀首選，位置最高景觀最好

在高聳陡峭的巨石群中，Platys Lithos(寬闊的岩石之意)占據著主導地位，氣勢最為磅礴。修道院占地約 5 萬平方公尺，建於 14 世紀中葉，由聖阿薩納西奧斯（Saint Athanasios）創立。

一開始，他建立了一座小教堂，獻給上帝之母(Mother of God），以及耶穌變容教堂，同時，他蓋了起居室供修道士居住。聖阿薩納西奧斯是第一位將修道院用組織系統來規畫的創始人。

另一位重要的人物是 Ioannis Uros，曾是塞爾維亞和希臘的皇帝 (Serbian-Greek King of Thessaly)。在 Saint Athanasios 過世後，他成為修道院的第二位創建者，即 St. Joasaph。在修道士生活的 40 年中，他修建了房間、醫院、水箱，並擴大重建了耶穌變容教堂。

IC XC是希臘文中「耶穌基督」的縮寫

據說看到修道士坐流籠的人會有好運

修道院外觀

早期生活所用的廚房

The Holy Monastery of Varlaam 第二大修道院

在 1350 年，首位攀爬到巨石上生活的修道士名為瓦拉姆（Varlaam），因此修道院得名。然而，真正建立起修道院組織的是來自 Apsarades 貴族家族的 Theophanes 和 Nektarios 兩兄弟。

在 1544 年，他們完成了一座獻給所有聖徒的教堂的建設。此後的幾年裡，修道院持續擴建，包括興建運輸最重要的絞轆塔、搭建一座可容納 1.3 萬公升的巨大橡木桶、興建古老的醫務室等。

博物館入口處的鐵製十字架，有500年歷史(14世紀晚期)

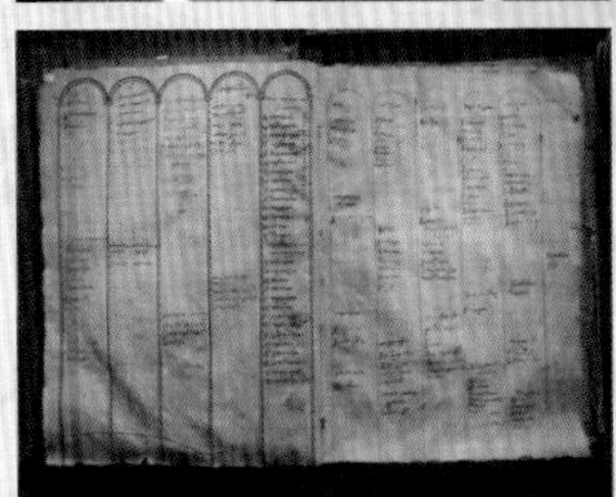

收藏298份手稿，這些字體像印刷一樣工整標緻

修道院外觀

知識充電站

XP 的意涵

雙頭鷹下方圓框內的凱樂符號，是早期的基督宗教符號，是「基督」希臘文單字「ΧΡΙΣΤΟΣ」的字首，兩字Χ(Chi) 和 Ρ(Rho) 所組成的複合符號，代表「耶穌基督」。

The Holy Monastery of Rousanou 精緻典雅女子修道院

位於海拔 484 公尺高處的三層樓高建築，宛如從巨石中生長而出，毫無接縫和違和感。這座建築是由來自 Epirus 的兩兄弟 Joasaph 和 Maximos 在 1527 ～ 1529 年間，花費巨資並冒生命危險打造而成，希望建立一個隱居修行的社區，以紀念 St. Barbara。

1988 年，一群熱誠、善良、以慈善聞名的修女接管了這座修道院。她們在修道院內增添了美麗的小花園和小禮堂，為這座本來莊嚴肅穆的修道院注入了一絲柔和的氛圍。修道院的堅固橋樑建於 1930 年，取代了先前於 1868 年建造的木橋，象徵著通向天堂之路從地球延伸而來。

起居室外的小花園，春天百花爭豔

修道院外觀

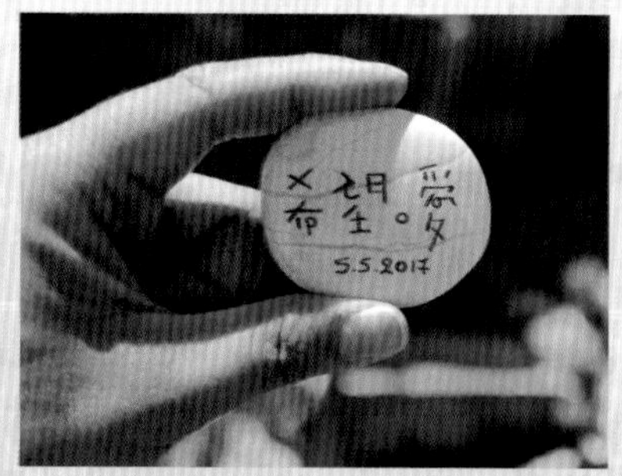

由修女親手繪製的每一幅畫作都是獨一無二的，是最佳的紀念品

從觀景點遠眺，修道院和巨石就像大型立體積木組合在一起

The Holy Monastery of St. Nicholas Anapafsas 超乎想像鬼斧神工的創造力

不像其他巨石上擁有較平坦的腹地，高 419 公尺，需要走 100 階樓梯才到達第一層敬奉 St. Anthony 的小教堂。這顆岩石的頂端相當窄小，建造者唯有一心一意挑戰極限，才能打造與大自然共生融為一體的居所，同時也是對全能上帝的崇高讚美。

看點 5 The Holy Monastery of St. Stephen

懶得爬樓梯，造訪這裡最容易

自由奉獻後可點一根手工製作的蠟燭

這座外觀宏偉的新教堂建於 1798 年，自 1961 年以來，改建為女子修道院。內部精美的木雕聖堂，以紀念 St. Charalambos，並將他的頭骨放置在教堂內。教堂至今都還在持續進行壁畫裝飾，色彩鮮豔新穎，由著名肖像畫家 Vlasios Tsotsonis 創作而成。

修道院外觀

看點 6 The Monastery of Holy Trinity

明信片代表作，路程最有挑戰性

在 15 世紀中，修道士 Dometios 借助繩梯的幫助，攀上了高達 535 公尺的岩石建立了一座修道院。土耳其帝國統治期間，這座修道院開設了學校，並成立了唱詩班。

1808 年，修道院支持當地民族英雄，參與對抗土耳其的行動。在義大利及德國佔領期間 (1941 ～ 1944 年)，僧侶被迫離開聖地，許多珍貴藏品也遭到偷竊或破壞。然而，修道院在 1961 年被遺棄，並於 1972 年進行了全面的翻新。

等待夕陽是許多遊客最愛的時刻

最挑戰極限的POSE！

獨特的造型成了007《最高機密》(For Your Eyes Only)宣傳海報的背景

出發吧！前進希臘小島

說到希臘就想到藍白世界的聖托里尼，那麼其他小島真是太委屈了！雖然不是每座島都擁有藍與白，以及繁華喧囂的氣氛，但是大部分的小島都維持自然、純樸以及閒靜的生活原貌。

希臘群島散布在愛琴海和愛奧尼亞海中，共有超過 6,000 座島嶼，其中約 227 座有人居住。在這些島嶼中，只有 53 座島的人口超過 1 千人，95 座島的人口不到 100 人。

除了必去的聖托里尼，其他熱門小島又有哪些迷人魅力呢？本章將不藏私大公開。

札金索斯
Zakynthos

愛奧尼亞群島的第三大島，整座島沒有過多的開發保留純樸風貌，南方海灣是珍貴的海龜棲息地。

克里特島
Crete

希臘第一大島，歐洲最古老米諾斯文明的起源地，至今仍可從遺跡中窺見當時的榮光。

米克諾斯
Mykonos

典型的地中海型氣候，一年幾乎 300 天是晴天，潔白細沙配上水很湛藍的愛琴海是一大賣點，錯綜複雜宛如迷宮的巷弄越夜越令人迷戀。

聖托里尼
Santorini

一輩子一定要征服過的希臘小島，火山噴發後造就的新月形地形上，聚集了白色洞穴屋，藍色屋頂教堂，每個角落都有獨一無二的美。

愛琴海

錫羅斯
(Syros)

基克拉迪斯群島 (Cyclades)

帕羅斯
(Paros)

納克索斯
(Naxos)

米洛斯
(Milos)

多德卡尼斯群島
(Dodecanese)

錫米島 (Symi)

羅德島
(Rhodes)

Ψυρρή/Psyri

小島交通介紹

希臘旅行的重頭戲就是跳島旅行，搭飛機或坐船都相當方便。建議先從雅典搭飛機到距離最遠的島，島和島之間利用船來通行，先看過地圖確認安排想去的小島，行程就可以接得很順。

飛機 (Airplane)

若要從雅典出發飛到小島，飛行時間約在 45 ～ 60 分鐘左右。票價為浮動式，早買不一定最低價，越便宜限制越多，托運行李通常必須另外購買。短程機型偏小，建議選靠窗位，可以看到小島整個面貌。

Jet 快船、Ferries 渡輪

Jet 快船速度快，船身較小；Ferries 渡輪速度慢，船身很大。大家最關心的價格取決於速度，越快的船價格越高，航程時間必須看當天天氣狀況，抵達時間幾乎都會延遲，行李沒有件數以及公斤數的限制。

航班查詢網站

- **FerryHopper**：最推薦，頁面簡單，當天還可以追蹤船班資訊。
  http www.ferryhopper.com/ en/#/
- **Openseas**：http openseas.gr
- **Direct ferries**：http www.directferries.com
- **Shiptracking APP**：輸入船的名稱，可看到船班即時位置和各點預計抵達時間。

購買船票注意事項

1. 船票在售票亭或是網路購買都是相同價格。
2. 船上沒有販售船票。
3. 許多船班提供電子票，先在網上 Check-In，登船時出示 QR Code 即可。
4. 東正教復活節左右 (通常在 4 月中後)，會有旺季船班較準確的資訊。
5. 艙等 Business 等級票價比較貴，設備大同小異，但人少較安靜。

搭船疑難雜症 Q&A

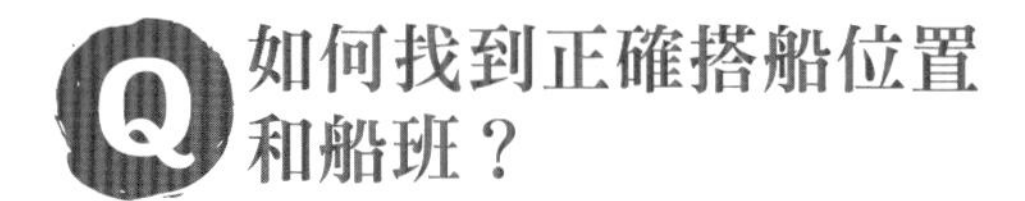

Q 如何找到正確搭船位置和船班？

A 到碼頭後請務必向海警或售票亭人員確認船停靠的位置，以及船抵達的時間，在希臘搭船的訣竅就是確認、確認、再確認。

Q 多久前要到達港口？

A 官方建議：船票上建議一小時前到達搭船處。經驗分享：小島上碼頭較小時，可提前半小時到港口等待就好。

Q 買對號座為什麼就是找不到座位號碼？

A 即便買對號座，到現場很有可能還是會建議你隨便找位置坐。別覺得奇怪這就是希臘搭船風格，大家都有位置坐就好。

Q 行李箱放在開放空間會不會被拿走或拿錯？

A 這種情況雖不常見，但貴重物品一定要自己隨身攜帶。

Q 什麼時候買船票？

A 快船 1 ～ 3 天前購買通常都有座位，4 月和 10 月以及旅伴人數眾多，則要留意銷售狀況。慢船可前一天或當天購買。

知識充電站

愛琴海的由來其實是個悲劇故事

克里特島國王米諾斯 (Minos) 在戰爭中打敗過雅典，他要求雅典王埃勾斯 (Aegeus) 每 9 年就要送上 9 名少男少女給怪物米諾陶洛斯 (Minotaur)。輪到第三次奉祭時，兒子忒修斯 (Theseus) 自告奮勇要去制服它。並和父親約定，若成功回來時會把黑帆換成白帆。

抵達克里特後，米諾斯的女兒阿里阿德涅 (Ariadne) 愛上了忒修斯，給了他一團紅色捆線，以便他在迷宮中標記退路。

忒修斯成功殺死了米諾陶洛斯後，帶領其他雅典人和阿里阿德涅一起逃跑。途中在納克索斯島稍作休息，離開時竟丟下睡夢中的阿里阿德涅，所幸酒神戴奧尼索斯憐憫她，娶她為妻。

阿里阿德涅因此詛咒忒修斯，讓他忘記掛上白帆，埃勾斯遠看到黑帆太過傷心而投海自盡，忒修斯便以父親的名字為海命名為 Aegean Sea。

Κυκλάδες/Cyclades
基克拉迪斯群島

基克拉迪斯7座小島

說到希臘，大家印象當中的藍白風景，由典型的藍白建築聞名於世，就是這座基克拉迪斯群島。

Cyclades 群島的希臘文是 Κυκλάδε ，取自於希臘語的 Κυκλάς 字眼，圈圈之意，同時也是英文 Cycle 的語源。地圖上看來，這個群島地處愛琴海中心，一群小島圍繞著中心一座小島 Delos(太陽神 Apollo 和月神 Artemis 的誕生地)，彷彿像同心圓一圈又一圈的，形成一個圓形的群島。

基克拉斯迪群島包括約 220 座島嶼，其中約有 39 座小島有人居住。

基克拉迪斯群島 小島❶

聖托里尼

Σαντορίνη/Santorini

浪漫得讓人不要不要的

閉上眼睛想像希臘群島，你會看到什麼？想必是美得不真實的藍白世界。聖托里尼最受歡迎的城鎮是費拉 (Fira)、伊亞 (Oia) 和伊莫洛維里 (Imerovigli)，都位於最主要的錫拉島 (Thira) 西側，可以看到對岸卡美尼島火山口是獨一無二的壯觀景色。這裡不可取代的是令人如痴如醉的氛圍，無論何時都散發出戀愛中的浪漫感覺。

聖托里尼地圖

交通資訊

- **渡輪**：雅典的西岸比雷埃夫斯港口 (Piraeus) 或東岸拉斐那港口 (Rafina) 都有船可到聖島阿托尼奧斯港口 (Athinios)，船程約 5.5 ～ 8 小時，取決於渡輪類型。
- **飛機**：從雅典 (ATH) 直飛聖島機場 (JTR) 約 50 分鐘。

島上交通

- **租車、摩托車**：
1. 重要景點比較不好停車。
2. 當地有些巷弄的寬剛好與車身等寬，導航時也要評估車子是否真能通過。

- **公共巴士**：
1. 重要景點搭公車都可到達，相當便利。
2. 旺季時，搭車人潮多，上車處沒有排隊這件事，先搶先贏。

http 巴士時刻表請搜尋：Santorini Public Buses

- **計程車**：
1. 價格相當高，可先上網估算一下，以免被坑殺。
2. 可利用 Uber 叫車，雖然也是連到當地計程車系統，但至少可以較明確知道價格。

聖托里尼的小村莊❶

伊亞

Oiα/Oia

世界最美
懸崖夕陽

許多遊客都是因為被伊亞最經典的美照所吸引而開始計畫旅行。在火山口的階梯狀洞穴屋上，一片雪白色的建築層層疊疊，搭配著 Tiffany 藍色的私人游泳池，呈現出一幅令人陶醉的畫面。最令人歎為觀止的莫過於日落時分，這時的天空色彩竟與建築物的美麗媲美！用美來形容似乎還顯得不夠，這裡是一個讓人沉醉的絕美勝地。

7 個看夕陽的絕佳點

來伊亞的重頭戲便是看夕陽，人潮這麼多要如何卡位？出發前做點功課，找到最適合自己的王座。

拜占庭城堡

Castle of Oia

這裡絕對是最佳位置，擁有一望無際的環景視野，明信片或觀光文宣都取自這個角度。想要占到這樣的寶座，記得要提前 1 ～ 2 小時去卡位。

知識充電站

聖托里尼沒有住址

聖托里尼島上沒有「住址」的概念，若旅客要問路，建議準備照片和景點名稱，才容易讓當地人指路。

通往海灣的階梯

Oia Steps

不想人擠人又想找個位置坐，沿著階梯往下走可以找到一座視野開闊的平台，雖然少了些許震撼感，但浪漫氛圍不減喔！

景觀餐廳

推薦餐廳 Kastro Restaurant Oia，這裡可以一邊欣賞夕陽一邊用餐，提供一場視覺和味覺的雙重盛宴。

搭遊艇出海

從踏上遊艇的那一刻，你會有種自己是電影主角的錯覺，保證讓你有獨特難忘的經驗。

洞穴屋

想要用最舒服自在的姿勢看美景，那就要下重本住有陽台的洞穴屋，在此不受任何干擾，能夠盡情享受時間凝結的一瞬間。

風車處

大多數想要看夕陽的遊客都會擠在城堡那側，風車處相對人少很多，也安靜許多。

搜尋： Windmill of Oia

Lioyerma Lounge Cafe Pool Bar

島上唯一開放的付費泳池，舒舒服服躺在躺椅上，點杯飲料等待日落。

➡Panagia Platsani教堂廣場面對愛琴海往右走10分鐘可到達

知識充電站

為什麼會有洞穴屋呢？

在 19 世紀末到 20 世紀初，伊亞是一個繁忙的小漁村，居住著眾多船員。相對較富裕的船長們選擇居住在平坦且較為寬敞的區域，那些經濟較不富裕的船員，只能將他們的住所建在火山懸崖的斜坡上。

由於當地資源有限，他們主要使用火山岩和土壤來建造自己的房屋。考慮到伊亞地區的炎熱氣候，這些船員普遍將房屋漆成白色，以幫助散熱。這樣的建築風格就是被稱為「白色洞穴屋」，冬天溫暖、夏天涼爽。

網美照這裡拍最好看

找到伊亞最具代表性的地標 Panagia Platsani 教堂廣場作為起點，小驚喜藏身在每個角落。

教堂廣場面海往右走

三座藍頂教堂
3 Blue Domes

伊亞擁有約 70 座教堂，其中三座就如同小鎮的代表性標誌，即便沒有特定的名稱或指標，但一提到伊亞，人們立刻聯想到這三個具有代表性的經典畫面，絕對是遊客必拍之地。這些特殊的景點並未正式命名，也沒有明確的標示，但當你漫步在 Bvlgari Alexandros 珠寶店前的小巷，左轉之後會發現一扇雕花木門，再向右轉，然後……眼前豁然開朗，呈現出令人陶醉的完美景色！

拍照小祕訣

不要太近距離拍，站在階梯上拍過去有柳暗花明又一村的感覺。

聖尼可拉斯教堂
Agios Nikolaos Church

在通往觀景台的道路上一定會看到它，只是人來人往要拍到沒有人頭的美照相當有挑戰性，記得早起的鳥兒有蟲吃，早點來就有可能拍到無人的景觀，這裡可是殺底片的好地方。

雙圓頂、粉紅鐘塔

面對聖尼可拉斯教堂往左看，在整片藍白畫面中粉紅鐘塔超吸睛，是許多少女必追的場景，若階梯有開放繼續往下走，會有讓人出乎意料的畫面等著你去發現。

貼心提醒　請做個稱職的旅人

許多私人區域不要隨意闖入，另外不要站在屋頂上拍照。

Ammoudi Bay

雖然開車到港灣省時又省力，但沿著長長 Z 字型的階梯往下走，旁邊伴隨著引人注目的紅色懸崖，典型的白色洞穴屋建築，用各種不同角度細看伊亞最美的一幕，將給你無價的回憶，勇敢的走下去吧！

除了有美景、美食可以讚歎人生多美好，走到底的 Zoodochos Pigi，在這裡跳進愛琴海游泳，如果你計畫在懸崖跳水，並且爬上對面的岩石上，記得準備合適的鞋子。

教堂廣場面海往左走

藍白鐘塔小禮拜堂

位在 Parque Oia 小公園裡，純白潔淨的小禮拜堂，也是許多婚紗喜愛的拍攝地，雖然沒有愛琴海當背景，但人比較少可以盡情拍。

來伊亞，買什麼？

身為旅遊一級戰區，此處商品價格真的不是太可愛，但這些店家都可以屹立不搖，想必賣的東西必有過人之處。

超值得入手的手繪木版畫

Kalimera ia

Katerina Drosou1977年生於雅典，成長於聖托里尼伊亞地區。自幼展現出對藝術的天賦和獨特氛圍。於1999年創辦個人創作及展覽區，從那時起，她致力於打造獨特且原創的藝術作品。

白色和藍色建築的典型場景，經過畫家的巧手彩繪在木材上，完美複製最美最獨特一面，每塊木版的形狀，尺寸和紋理都不同，顯現出每幅畫不同的個性，都在等待有緣人把它帶回家。

➡Panagia Platsani教堂廣場面對愛琴海往左走3分鐘可到達

圓圓胖胖小房子

Aigaio greek souvenirs

藍白小屋在街上到處可見，但大都是正正方方，這家賣的小房子特色在於胖胖弧形的牆面，顯得特別的逗趣可愛。仿古代戰士用的小頭盔，仿古造型的馬匹裝飾和當地火山岩做得貓頭鷹和蠟燭擺飾，是一家滿有趣的紀念品店。

➡Panagia Platsani教堂廣場面對愛琴海往左走7分鐘可到達

電影場景般美翻書店

Atlantis Books

2002年春天，Oliver和Craig來此處度假興起了開書店的念頭，並以傳說中的「亞特蘭提斯」來命名，希望將偉大的藝術、文學和對話帶到世界上最美麗的地方。

牆上畫著火山爆發的細節，書店整體設計和聖島息息相關，用心看，牆上述說著書店的故事，隨便一個角度都很美。

➡Panagia Platsani教堂廣場面對愛琴海往右走5分鐘可到達

來伊亞，吃什麼？

伊亞餐廳屬於數一數二的高消費，風景最好的地方價格通常是最貴的，你吃的是風景氣氛，餐的內容不一定是最重要的。想要找豪華餐這裡也有許多創意料理，當然價格也不斐。

在伊亞最經濟實惠的美味選擇

Pitogyros Traditional Grill House

開在一個相當不起眼，很容易錯過的小路上，若非經過看到好多人坐著享用，真的不會特別去注意到，但也證明它受歡迎的程度。

走進這家店，您絕對不能錯過品嘗一些其他店家不太常見的口味。例如，試試帶有點辣味的豬肉香腸搭配紅蘿蔔絲，或者選擇清爽無負擔的希臘沙拉包裹在 Pita 餅中。儘管這是一家提供速食的店，但每一個步驟都經過用心製作，外表樸實口味卻令人驚豔。這家店絕對是一個值得一試的地方，深怕日後難以再品嘗到這樣的好味道。

➡Panagia Platsani教堂廣場面對愛琴海往左走5分鐘可到達

店家特製需要點時間等待，許多人都吃一口後立馬再加點

只有一餐來這裡保證不後悔

Karma Greek Restaurant

小巷弄中的桃花源，跟其他餐廳有截然不同的感覺，以綠色為基底色，大膽使用紅色來相配，再加上自然花草樹木。店家位置不在主要大街上，是尋尋覓覓才能找到的小天地。

這家店的特色在於許多食材都是自家製作的，例如，他們製作出 Q 彈有勁的義大利麵條，並且使用島上最早自家烘焙的咖啡豆，堅持為顧客帶來最高品質的味覺體驗。

➡Panagia Platsani教堂廣場面對愛琴海往右走3分鐘可到達

色彩跳脫藍白，繽紛討喜，餐點新鮮用心(圖片提供：Toto Kuo)

心甘情願來這當盤子

Meteor

主街上最顯眼的一棟橘色屋，來到伊亞就絕不會錯過它。這是一家吃氣氛的餐廳，但我每次來伊亞都會光顧，好喜歡店內復古的氣氛。以前是一家古董店，後來改建成咖啡館／酒吧，內裝是復古懷舊風格，看出去雖然不是大景色，但也令人感到愜意悠閒，就是喜歡懶洋洋地在這休息一下。

➡Panagia Platsani教堂廣場面對愛琴海往左走5分鐘可到達

來這裡吃希臘威而鋼

Lolita's Gelato

除了造型外觀相當可愛，天然冰淇淋好吃又不膩，吃完也不會口渴。這裡的口味常常有變化，員工也很熱情，可詢問是否可以試吃。適合搭公車來或是搭公車回去前，可以先來小歇片刻。

中規中矩的口味中，有一個特殊口味，名叫希臘威而鋼 (希臘優格加蜂蜜)，喜歡嘗鮮的遊客，記得點來吃吃看。

➡Oia巴士站走1分鐘可到達

美景海鮮一網打盡

港口餐廳

到小港口 Ammoudi Bay，可以找間看得最順眼的餐廳，面對愛琴海的海味似乎特別對味，電視節目也會來這裡拍龍蝦義大利麵。

一下到港口，壯麗的朱紅色火山岩層，深深吸引觀光客目光。港邊的餐廳 Ammoudi Fish Tavern 最受歡迎，供應當天捕獲得家常烤魚和其他以傳統方式烹製的海鮮，通常傍晚時刻到晚上都需要提先訂位。

費拉

Φηρά/Fira

獨一無二
火山口景色

整個島最熱鬧的區域莫過於首都費拉，位於島嶼中心並且擁有觀賞火山口最佳位置。在這裡，對考古遺跡有興趣的可以參觀博物館，深深被美景吸引的可以來一趟微健行，喜歡自然的則可以到卡梅尼亞島火山探險，喜歡血拚的這裡超好逛，讓你從早到晚不停歇玩不完。

網美照這裡拍最好看

從費拉（Fira）到菲羅斯特法尼（Firostefani）再到伊莫洛維里（Imerovigli）的這條路線約 3 公里，沿途都隱藏著令人驚豔的驚喜。如果不想原路返回，你可以搭乘公車到 Imerovigli 的巴士站（往 Oia 的公車通常都會經過）。最後，找一間具有美景和愉悅氛圍的咖啡廳，為這美好的旅程畫下完美的句點。整個漫遊需要花費約 2 小時。

起點（請依序參觀）

❶聖約翰教堂
Saint John the Beheaded

從 Imerovigli 巴士站步行約 6 分鐘即可抵達，一座純白外觀、正藍色大門格外引人注目。這裡同時也是欣賞 Skaros Rock 最佳的觀景位置。

雖然在地圖上可能不容易找到，但只要搜尋 Grace Hotel, Auberge Resorts Collection，你就能輕鬆找到這個迷人的地方。

❷ Skaros Rock

這個地方曾經是聖托里尼島的首府，站在岩石岬角看著凹凸不平的殘壁，很難想像這裡曾經是一座堅固的城堡。然而，19 世紀的地震中，這座城堡被完全毀壞，現在所剩下的只是城堡的殘餘。

通往 Skaros Rock 的階梯真是一條天堂路，看似不遠走起來真的很需要體力，如果你夠勇敢，攀爬上頂端征服它吧！

❸基督復活教堂
Church of the Resurrection of the lord

傳統的藍色圓頂，一座高塔鐘樓和一座精緻的門，最好的拍攝角度是繞到上方拍下來，美到不行的地中海就是最佳背景。

④ 聖格拉西姆教堂
Church of Agios Gerasimos

這裡是整段路的中繼站，坐在樹陰下的涼椅，吹吹地中海的涼風。

鄰近的這艘破船(Mama Thira Tavern餐廳前)也是必拍景色

⑤ 聖母瑪利亞教堂
The Dormition of the Virgin Mary/Three Bells of Fira

島上最著名的藍頂教堂，是許多人追求的經典明信片風景，位於一個小斜坡上，每一次欣賞都讓人驚豔不已，絕對是無敵美景。

雖然這個景點沒有明確的地址和顯著的指標，容易讓人錯過，但記住可以找到餐廳 Mama Thira Tavern，然後右轉上樓梯，再到路口右轉沿著斜坡往上走，就能找到這個迷人的藍頂教堂。對於開車的遊客，可以參考飯店 Santorini Palace 的位置，教堂位於對面的斜坡上。

⑥ 施洗者聖約翰天主教大教堂
Cathedral of Saint John the Baptist

這座教堂以莊嚴的巴洛克風格建造，獨特的桃色和藍色配色與其他東正教的教堂形成鮮明的對比。教堂的華麗鐘樓高高聳立，驕傲地俯瞰整個小鎮。拱形柱子特別引人注目，它們宛如最佳的畫框，將這座美麗的建築完美地呈現。

⑦ 搭懸崖纜車 (Cable Car of Santorini) 到舊港口

下到舊港的最佳方式是搭乘纜車，每人單程票價為 6 歐元。纜車沿著垂直的峭壁往下降，大約 5 分鐘就能抵達舊港區。這裡是前往火山島的搭船處，也是郵輪的接駁站。海水非常清澈，你可以看到魚群在水中自由游動。

纜車站旁景色美不勝收

舊港海景

⑧ 東正教大教堂

Candlemas Holy Orthodox Metropolitan Cathedral of Thira

從聖托里尼島的許多地方可以看到東正教大教堂，位於費拉的火山口邊緣。建於 1827 年，在 1956 年的災難性地震中遭受嚴重破壞，但不久之後經過全面翻修。教堂的一波波拱型門柱是它最引人注目的特色之一，而內部的東正教裝飾則相當華麗輝煌，絕對值得一探究竟。

夜景拍照點，請在Google Map上搜尋 Viewpoint Fira at night

來費拉，買什麼？

因為是觀光勝地，因此有許多限定商品，例如火山系列，有香皂、髮油、面膜，另外島上限定的啤酒和葡萄酒，也很受觀光客喜愛。

喜歡比價的記得找位置偏僻的商店下手，通常 9 點左右就有商店開始營業，到深夜 10 到 11 點才關門，眾多選擇可滿足購物狂的各種需求。

沒時間去酒莊的話，
這裡有相當多的選擇

首推紀念品店

SANTORINI WINES

聖托里尼島必買的紀念品，在這間店通通都買得到，位置稍微偏離主幹道，所以價格比較便宜，店主是聖島當地人，很親切為遊客推薦他自豪家鄉出產的火山皂、火山面膜和當地傳統甜點禮盒。

➡Fira巴士站走8分鐘可到達

老爺爺手工繪製石膏小屋

BLACK VELVET

這家店是由社團討論版的熱心網友分享而得知的。好奇之下走進這家看起來只是賣衣服的店，進門後發現一位老爺爺正在專心地繪製圖畫。與老爺爺打招呼後，告訴他你很有名，老爺爺笑笑地回應說：「我知道。」

觀察了一段時間後，發現手繪真的需要極大的耐心，將圖畫分區塊上色。這份紀念品不僅包含了藝術家充滿愛的心血，而且收藏起來特別有深刻的紀念價值。這趟探索之旅讓你不僅得到了一件特別的藝術品，更彷彿分享了藝術家的故事與情感。

➡Fira巴士站走8分鐘可到達

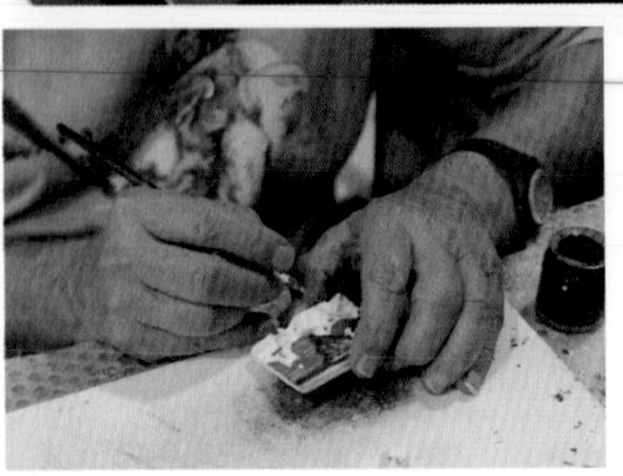

旁邊一整排等著他親手繪製，隔日才能來取貨的訂單

來費拉，吃什麼？

在費拉，你隨時都能找到符合預算且滿足味蕾的美食。在選擇餐廳時，最重要的考量之一就是景觀。這裡以擁有全世界最特別的火山口景色而聞名，僅僅欣賞這美景就已經讓人心滿意足。

通常較高檔的餐廳可能需要提前訂位，但是海景第一排的選擇卻相當多。如果事前還沒有確定想去哪家，可以抵達時再看看哪家餐廳的風格和氛圍最吸引你，然後做出選擇。這樣一來，你可以在用餐的同時，盡情欣賞這令人屏息的火山口美景。

視覺味覺雙重美味

Volkan on the Rocks

這是希臘知名的綜合食品品牌 Ergon 旗下的餐廳。Ergon 在希臘語中表示職業，選擇這個詞反映出，在熱情的工作過程中帶來無比的成就感。餐廳的廚師們以精心細緻的方式烹調食物，堅信食物是一種高標準的藝術。

這家餐廳坐落在岩石的高處，即便需要走一段上坡路，但仍相當值得朝聖。面對著獨一無二的火山口，這裡的風景美得如夢如幻，真想一直坐下去不想離開。餐廳堅持使用當地的農產品，並手工烘焙麵包。特製的醃章魚淋上檸檬油和聖島蠶豆泥，不僅色彩搭配上令人印象深刻，口味更是出色。

➡纜車站走6分鐘可到達

小小餐館大大回憶

Nikolas Oinomagiremata

想品嘗到道地傳統的家鄉希臘美食，選擇一家有歷史感的餐廳通常是個不錯的選擇。在小洞穴中散發出的家庭美味，店家提供圖片式菜單，讓你無需仰賴翻譯也能輕鬆自在地點菜。坐在充滿活潑跳色的桌椅上，巷弄中飄香的美食令人心情雀躍，期待著即將享受的美味佳肴。

➡Fira巴士站走5分鐘可到達

海景第一排景色一級棒

Aris Restaurant

在熱門的海景餐廳，常常擔心人來人往會影響用餐氣氛，也擋住了夕陽美景。然而，這家餐廳位於較下層，旁邊就是懸崖峭壁，一覽無遺，沒有其他物體遮擋，特別適合欣賞夕陽。附近懸崖上的飯店美景，再加上夕陽的映照，絕對是值得推薦的用餐地點。

這家餐廳主打傳統菜色，而且在食物擺盤上更加用心。色彩繽紛的醬料裝點綴餐盤，與傳統菜色隨性的搭配有所不同。

➡Fira巴士站走10分鐘可到達

當海風吹拂而來，享受著熱騰騰的美食，超級暖心

來點不一樣的燭光晚餐

Idol Restaurant Bar

在整排的餐廳中，這家店吸引了大部分的人潮，多年來仍然屹立不搖。餐廳裝潢、菜色風格經過一些微調，並在晚上開始邀請駐唱歌手，使整體氛圍更加分。

這家餐廳的食物風格走現代地中海風，每一道菜上桌時都能先滿足視覺感受。肉類的熟度和海鮮的新鮮度處理得恰到好處，每一道料理都展現了廚師對料理的高品味追求。

➡Fira巴士站走5分鐘可到達

像藝術品一樣的甜點，完美的用餐句點

一場前所未有的味蕾冒險！

Esperisma Bar-Restaurant

在新鮮的鹹海風中，搭配大膽的地中海風味和絕美的景色，前來這裡晚餐不僅是味蕾的盛宴，更是一場感官的盛宴。這裡的美味是沒有設限的，每一種食材都能點燃全新的火花。

作為島上高級餐廳的一分子，這裡的餐點擺盤的細膩度和味道的層次都令人驚豔。一旦入口，你就能感受到與眾不同的美味差異。色彩繽紛的調酒，風味層層堆疊，相當精緻。

➡Fira巴士站走7分鐘可到達

浪漫約會套餐，讓戀情加溫(圖片提供：Crystal Chou)

神祕口味選擇超～級～多

Zotos

這家甜品店自 1864 年開始經營，至今仍然屹立不搖。口味逐漸多元化，跳脫傳統的巧克力和草莓，將經典的希臘甜點和餐前酒都製成冰淇淋口味，挑戰著大家的味蕾。每一年隨著潮流的變化，都會推出不同的神祕口味，其中最讓人印象深刻的是「格雷的五十道陰影」，讓人充滿期待，不知道在你造訪的時候會有什麼特殊口味等待著你。

➡Fira巴士站走6分鐘可到達

提供多種特殊口味選擇，讓人期待吃下去到底是什麼口味

不分時段想吃就吃

Solo Gelato

雖然說冰淇淋很難踩雷，但吃到好吃的冰淇淋心情就能好一整天。冰淇淋的原料選擇很重要，即使是大家都再熟悉不過的食材，也能在味蕾幻化出富有層次的口感。雖然這家冰淇淋店口味數量不算多，但每一種口味都帶有獨特的香氣，多款季節水果口味，成了夏天裡最爽口的消暑聖品。

➡Fira巴士站走4分鐘可到達

經典口味最推薦就是開心果，口感綿密

西裝紳士為你服務

PK Cocktail Bar

鼎鼎有名的 PK，我從早上到晚上都去朝聖過，各有不同的感覺。左右兩旁的景色都很美，座位雖然不是太好坐，但服務生很貼心，隨時觀察客人的狀況，天冷時會拿出毯子讓客人使用，待在那邊的時間就是 Chill。

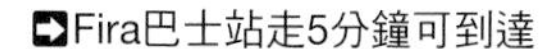

➡Fira巴士站走5分鐘可到達

島上兩個純樸小鎮

每個角落都像一幅畫

除了鼎鼎大費拉和伊亞外，若有時間可安排到其他小村落逛逛，一個村落大概 2 小時就可以逛完。放鬆心情到處走走看看，說不定會有意想不到的發現！

皮爾戈斯

Πύργος/Pyrgos

距離費拉 7.5 公里的地方，有一座坐落在小島最高處的小村莊。登上頂點，整座小島的美景盡收眼底，蜿蜒的階梯小徑賦予了這裡濃厚的山城風格。村莊中彌漫著藝文氛圍，許多藝品店散落其中，吸引著遊客停留下腳步慢慢欣賞。

小村裡有幾座拍攝起來極具美感的教堂，成為新人拍婚紗照和舉行婚禮的熱門場所。爬到最高處，一覽整個小島的風光，地表上種植著各種農作物，其中最著名的莫過於葡萄。附近有許多葡萄酒酒廠，可以順道品嘗當地的美酒，成為一次美妙的體驗。

超人氣酒莊Santo Wine，不少名人都來這裡辦婚禮，浪漫無極限

安普里奧

Εμπορειο/Emporio

距離首都費拉 12 公里的地方，安普里奧村莊就如同一座堡壘，建造初衷是為了保護居民免受海盜的掠奪。所有的建築物都特地面對面建造，以便當地居民能夠更有效地保衛他們的房屋。

與聖島商業氣息濃厚的形象相比，安普里奧村莊呈現出更為寧靜的一面。居民在家中聊天或者聆聽電視的聲音，屋外曬著晾衣，或剛從超市回來的日常景色，就跟我們正常生活一樣寫實。

當地最受歡迎的小咖啡廳

聖托里尼島 4 大超人氣沙灘

聖島的沙灘和其他小島相比算是不錯，雖然未達到非常出色的境界，但沙灘的地形都相當特別，值得花點時間前去體驗和欣賞。

卡馬利

Καμάρι/Kamari

若你真的想到海灘走走，卡馬利黑沙灘絕對是你的最佳選擇。坐落在壯觀的 Mesa Vouno 山腳下，這片沙灘由黑色的火山沙和卵石構成，全長 5 公里。沿著長長的平行長廊漫步於此，非常適合閒逛。這裡的商店也提供多樣的商品選擇。

佩里薩

Περίσσα/Perissa

對於喜歡水上活動和浮淺愛好者而言，卡馬利黑沙灘也是當地人最喜愛的沙灘之一。這裡有許多夜總會、餐廳、小酒館和咖啡館可以選擇。來到希臘就不要怕曬，早上跟下午適合曬太陽，當接近傍晚時，海水溫度較高，就很適合下水囉！

(圖片提供：那隻住在希臘的魚)

紅沙灘

Κόκκινη Παραλία/Red beach

第一眼看到覺得非常壯觀，令人難以忘懷。紅沙灘有著火星地貌的景觀，海灣周圍的紅色岩石和蔚藍的海水相結合，營造出壯觀而吸引人的美景。須注意的是，天然地形比較危險，因此建議前往海灘時要謹慎並量力而為，以確保安全。

維查達海灘

Παραλία Βλυχάδα/ Paralia Vlichada

戲劇性又令人驚歎的景觀，由火山、風和海洋的力量隨著時間的推移而形成，海灘相當長，水域相對較淺，觀光客也比較少。

(圖片提供：那隻住在希臘的魚)

來聖托里尼，今晚住哪兒？

選擇飯店也是一大學問，聖島太過於熱門，房價被哄抬的相當高，賣得除了住宿房間還有無價的景色以及超旺的名氣。建議用區域來做第一考量，再根據預算去做選擇，不要依星級去做選擇，要多看評價，聖島從南到北都有不錯的住宿環境，每個地區的優缺點分析如下。

伊亞 Oia

聖島最熱門的住宿選擇，莫過於擁有無敵美景的懸崖旅館。然而，設限於地形結構，規模大部分都不大，設備不算完全新穎，許多都保留著原始洞穴屋居住的面貌。目前為了保留房客的隱私，許多巷弄都只開放給房客進入，所以雖然金錢投入相對較高，但卻因為其絕對的優勢而值得一試。

教堂廣場周邊

這側的住宿雖然看不到夕陽，但許多精品旅館都在這，也比較熱鬧。

如果預算夠可以選擇OIA spirit Boutique Residence，陽台外可見著名的三個藍頂教堂

拜占庭城堡後方

拜占庭城堡後的區塊，想要在房間看夕陽，就在這落腳吧！

Oia Mare Villas絕對不會被擋道看夕陽的位置

費拉 Fira

喜歡逛街和夜生活，費拉就是你最好的住宿地點。一些以民宿方式經營，能看到火山口的景色價格還是高一點；現在越來越多主打簡約型民宿，雖然看不到海景，但價格經濟又實惠。

Hotel Tzekos Villas算稍微價格較低但評價不錯的旅館

Cosmopolitan Suites位在纜車站附近，飯店有直通愛琴海的階梯，在無邊際泳池旁享用早餐，超享受

伊莫洛維里 Imerovigli

精品飯店集中區，距離費拉不遠，屬於純住宿區，適合喜歡寧靜、在陽台聽海聲的旅客。這一區域充滿了新潮設計風格的飯店，且設備通常都相對新穎。許多頂級奢華的酒店紛紛進駐這區，例如知名的 Cavo Tagoo，West East Suites，若口袋無上限，選擇這區不會後悔。

Grace Hotel無邊際泳池超享受

Honeymoon Petra Villas 度假就是這種感覺

卡馬利&其他區塊 Kamari & Others area

如果你喜歡度假村，追求寬敞的腹地、大型戶外游泳池和更寬敞的房間，而不喜歡有階梯需要爬上爬下的環境，那麼東南側的卡馬利以及其他非主要住宿區塊，可能是你理想的選擇。

位在卡馬利的Aegean Plaza賣點是走出去就是海灘，價格優

距離Fira開車10分鐘的De Sol Hotel & Spa，全年無休，是標準五星飯店

出海吧！今天我是遊艇富豪！

聖托里尼島提供豐富的海上活動，使遊客能夠近距離體驗愛琴海的迷人之處。其中包括潛水、立式划槳等水上活動，另外，搭船出海也是受歡迎的選擇。一些船隊甚至提供餐飲服務，讓遊客在浪漫的海上之旅中品味美食。

Catamaran 遊艇行程介紹

都來到夢幻之地，就來趟奢華富豪之旅吧！踏上奢華的 Catamaran 遊艇，彷彿一切都彷彿如電影場景，自己就像成了電影中的主角。乘坐帶開放式酒吧的豪華雙體船繞聖托里尼火山口航行，浮潛、泡溫泉、享用新鮮烹製的希臘美食，保證讓你有獨特難忘的經驗。

1 一次行程約 4 ～ 6 小時，大致分為兩個時段：白天 10:30 ～ 15:30 ／下午 15:30 ～ 20:30(船上看夕陽)。

2 含旅館來回到港口接送服務。

3 記得戴上遮陽帽、游泳衣、防曬霜和太陽眼鏡，若要玩水記得帶浴巾。

4 不同價位，提供不一樣的餐飲及酒水 (無限暢飲)。

5 有不同船型，可以容納 10 ～ 50 人。可在 Get Your Guide 網站比較每家公司的行程和船型。網址：www.getyourguide.com

6 風量大時，若有上層到上層吹風會比較舒服，船員也會準備嘔吐袋，以備不時之需。

7 需脫掉鞋子赤腳上船。

跟著在地達人這樣玩聖托里尼

想知道住在藍白世界裡的當地人都怎麼玩聖托里尼嗎？除了一般標準觀光客行程，又有哪些在地人推薦？在希臘旅遊社團中得知有台灣人嫁到聖托里尼當媳婦，這個單元就由她來告訴讀者怎樣玩最道地。

在地達人小檔案

Cynthia Hsu，2015 年首次踏上希臘這片眾神的國土，2019 年不小心落地生根成為希臘媳婦，定居在聖托里尼，佛系經營粉專「那隻住在希臘的魚」，不時分享希臘及聖托里尼在地的旅遊資訊，更有聖托里尼里長的稱號。

圖片提供：那隻住在希臘的魚

聖托里尼在地達人 Q&A

Q1 最推薦聖托里尼安排幾天？

A 依季節而定，適合來聖托里尼的月分為 5 ～ 10 月，5 月和 10 月，因天氣還較冷的緣故，可能不太適合下水，或者參加其他出海行程，所以安排三天兩夜即可。6 ～ 9 月，則適合安排四天三夜，如果想要更悠閒放空，像希臘的貓一樣慵懶，也可以再增加天數。

Q2 自己口袋名單的餐廳？

A 分享三家餐廳，都廣受在地人好評。

餐廳 1 沒訂位就吃不到
Metaxi mas

深受當地人及觀光客歡迎的餐廳，沒有事先訂位的話很難吃到，室外座位可以俯瞰卡馬利 (Kamari)，幸運的話還會有可愛的貓咪來陪你吃飯。食物美味不說，每日還會有菜單上沒有的特餐，餐後招待起司蛋糕是他們的特色。

➡距離Fira市中心約10分鐘車程

圖片提供：那隻住在希臘的魚

餐廳 2 海鮮控必收名單
The dolphins

餐廳有自己的漁船，由爺爺每日出海捕撈漁獲，再由奶奶巧手料理端上桌，龍蝦／蝦子義大利麵為其招牌。位於著名的紅沙灘 (Red beach) 旁，餐廳傍海，吃飯時可以同時欣賞美麗海景，相當悠閒。

➡距離Fira市中心約18分鐘車程

圖片提供：那隻住在希臘的魚

餐廳 3 聖島最道地的傳統家常菜
The good heart

由家族經營的傳統餐廳，使用的食材皆來自他們自家土地種植的有機產品。餐廳旁的小商店有販售他們自己 Home-Made 的當地農產品，例如：聖托里尼葡萄做的果醬、蜂蜜、起司和酒等。位於阿克羅蒂裡 (Akrotiri) 前往燈塔的路上，若想品嘗道地的傳統希臘風味菜肴，是不可錯過的選擇。

➡距離Fira市中心約18分鐘車程

圖片提供：那隻住在希臘的魚

Q3 推薦的紀念品？

A 最受遊客青睞的應該就是各式各樣的小房子(手工製作為佳，但不太好找)，還有黑色火山皂、驢奶皂等。聖托里尼葡萄釀的葡萄酒也很有名(Visanto尤為知名)，Home-Made的農產品如各式果醬、蜂蜜，都是很棒的伴手禮。

Q4 有什麼特別活動推薦給讀者？

A 推薦以下5個活動，可以體驗當地人的生活。

餐廳 1 最讓你難忘的希臘婚禮經歷 The Greek Wedding Show

以傳統希臘婚禮為主題的歌舞秀，讓你以受邀客人之姿，實際體驗參與希臘傳統婚禮。演出場地為戶外露天後院，會有專屬你的桌子，除了一些簡單的小吃外，還提供無限暢飲的聖托里尼當地白酒，演出過程會有很多與演員上台跳舞同歡的機會，最後還有摔盤子等有趣的體驗，賓主盡歡。

$11歲以上全票65歐元，2～11歲兒童票50歐元 ➡Fira巴士站走5分鐘可到達

記得先預訂，不要撲空

餐廳 2 露天星空電影院 Open Air Cinema Kamari

古希臘的劇院一直以來都是開放式的，四周繞著花草樹木，並在星空的映襯下呈現出美麗浪漫的場景。電影為英語發音，配上希臘文字幕，除了最新上映的電影之外，《媽媽咪呀》(Mamma Mia)更是每兩～三週就會固定播放的影片，因為它最受觀光客喜愛。

🕒5～10月 20:30開門賣票，21:30電影開始 $全票10歐元 ➡Cine Kamari Bus Stop巴士站走1分鐘可到達 ?先到的人可以先選座位，不接受預訂，電影為英文版，配有希臘語字幕。戶外晚上會有點涼，記得帶上外套

圖片提供：那隻住在希臘的魚

餐廳 3 傳統木船逍遙遊

火山島巡禮

最為經典也最受歡迎的當地行程，搭乘傳統木帆船出海，帶你前往火山島健行、溫泉游泳、錫拉西亞 (Thirasia) 觀光，甚至伊亞 (Oia) 看夕陽。

依據行程內容的不同、含接駁與否，有再細分好幾種選項，從最便宜的 3 小時火山島＋溫泉 (25 歐)，到最貴的整天 12 小時的全包式 (50 歐) 應有盡有，有些行程甚至有含在船上吃 Buffett 晚餐，但價格就會比較貴，需近百歐元。直接在港口報名即可。

圖片提供：那隻住在希臘的魚

餐廳 4 Greek Orthodox Easter

4 月東正教復活節

聖周五 (東正教復活節前的星期五)，皮爾戈斯 (Pyrgos) 色彩繽紛的房屋屋頂上，會放上數萬個點燃的錫罐，整個村莊從遠處望去，就像被燭光包圍一樣，景色十分壯麗。

圖片提供：那隻住在希臘的魚

餐廳 5 Ifestia Festival

9 月中火山節

火山爆發對聖島的影響不容忽視，為了重現這歷史性的一刻，每年 9 月中左右舉辦火山節，在卡梅尼亞島 (Nea Kameni) 施放煙火象徵火山爆發，數百個煙火在天空中爆炸，照亮聖托里尼的夜空，令人嘆為觀止。

圖片提供：那隻住在希臘的魚

圖片提供：那隻住在希臘的魚

基克拉迪斯群島 小島②

米克諾斯

Μύκονος/Mykonos

來到天堂人人都是 18 歲

想要逃離現實，暫時躲進一個不真實的世界，拋開一切，盡情地沉浸在狂野的樂趣中，那麼絕對不能錯過被譽為 Party Island 的米克諾斯。這片島嶼占地約 86 平方公里，擁有超過 35 處迷人的海灘，以其金色的沙灘和清澈的海水而聞名於世。

米克諾斯地圖

在米克諾斯，你可以找到各種各樣的海灘，無論是熱鬧震耳欲聾的派對海灘，還是無懼世俗眼光、盡情曬太陽的裸體沙灘，都能在這片美麗的島嶼上找到。

交通資訊

- **渡輪**：雅典的西岸比雷埃夫斯港口 (Piraeus) 或東岸拉斐那港口 (Rafina)，都有船可到米島新港口 (Mykonos New Port)，船程約 2.5 ～ 5 小時，取決於渡輪類型。
- **飛機**：從雅典 (ATH) 直飛米島機場 (JMK) 約 45 分鐘。

島上交通

- **租車、摩托車**：待的天數長，想到處晃晃建議才需要租車，島上路比較狹窄不平，夜晚某些路段沒有路燈。
- **公共巴士**：只去熱門景點的話搭公車比較划算，上車處沒有排隊這件事，先搶先贏。
- **計程車**：對觀光客而言價格高也不透明，金額請務必先詢問司機，也可請飯店幫忙預約叫車，讓飯店人員先協助溝通。

米克諾斯遊玩心法

在米島最好的規畫就是不要有任何計畫。睡到中午自然醒，到鎮上悠閒吃個早午餐然後散散步，下午到海邊曬太陽，傍晚去港灣看夕陽，最後用狂歡一晚畫下完美 Ending。

早安！到Chora拍網美照

米克諾斯鎮很小，迷宮設計於 19 世紀，目的是使攻擊的海盜感到困惑，延長入侵時間。標準基克拉迪斯的白色建築風格，色彩鮮豔的大門，配上綻放的九重葛就像超級巨星，步行在狹窄的小巷迷宮中漫步並且迷路是最大的樂趣！這時巷弄迷宮沒什麼人，太陽光線還是柔和的，當然就是拍照的好時機。

拍照區 港灣區 8 景點

從 Old Port 為起點順著海岸線走，能夠將港灣區最經典的 8 個景點一網打盡。

Old Port Beach

想把海灘拍得美美的，就要走到餐廳 Remezzo Mykonos，從上方把海灣曲線完整拍下來。

Manto square

Manto Mavrogenous(1796 ～ 1848) 是希臘最偉大的戰爭女英雄之一，率領米島在希臘獨立戰爭 (1821 ～ 1832) 中擊退奧圖曼帝國，為了表達對她的敬意，在廣場上豎立雕像，並以她的名字命名。一旦迷路了就拿著照片問路吧！

Fish Market

漁民在三角形帆布屋頂下的大型大理石板上展示當天的漁貨，是當地人購買新鮮魚貨的好去處。旁邊也會有賣鮮花蔬果的攤販，要看到這樣的景象可是要碰碰運氣，因為不是每天都有喔！

Saint Nikolaos of Kadena Holy Orthodox Church

早上的光線最能展現小教堂的魅力，教堂內也很值得一看，黑色和白色的瓷磚地板，天花板漆成星空，配上華麗的金色吊燈，好不浪漫。

Paraportiani Orthodox Church

特殊之處在於它是由 5 座小教堂組成，由 4 座教堂組成地基，第五座教堂位在頂部。建於 15 ～ 17 世紀，花了大約 200 年的時間才完成，奇特建築風格令人著迷，外觀看起來就像是棉花糖或是奶油，相當可愛。

早上接近中午的陽光最好，正拍少了點味道，最好的拍攝角度則是站在斜角的階梯上，連同大海一起拍過去。

Kastro's Restaurant

這家餐廳的位置實在太好了，如此美景只在這裡才拍得到，必須等到餐廳開門把靠墊排放好，才能呈現完美的畫面。

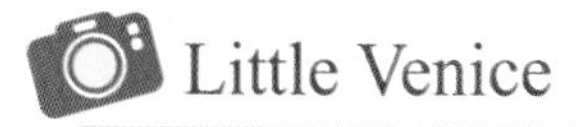

Little Venice

小威尼斯是整個米島上最浪漫的地方之一。18 世紀繁榮時期船長建造這個社區，在大海邊緣蓋起了典雅而華麗的房子，特別是在蔚藍的愛琴海襯托下，日落美景令人驚歎。

老房子如今被改造成別緻的酒吧和餐廳

Windmills of Mykonos

風車散布在沿海或山坡上，大多數都集中在 Chora 主鎮上並且都朝北方，以利用強勁北風來磨碎小麥。最出名的風車群 Kato Mili，是希臘語中的較低的磨坊之意，雄偉地聳立在小山坡上，俯瞰大海，成為米島標誌性特徵。

中午在這裡有可能跟島上的吉祥物鵜鶘巧遇

拍照區 巷弄間 4 景點

I ♥ MYKONOS

迷人的米島真的讓人很難抗拒它的魔力，所以當然要跟這出了名需要排隊等待的打卡地標合個影，在 Google Map 上蒐尋 LASCALA MYKONOS 可以找到。

這個私房拍照景點是店主的巧思，他也很大方的讓遊客拍照，最好的角度是站在對面階梯的上方拍下來，這可是店主指導的角度喔！

三口井 (Three Wells)

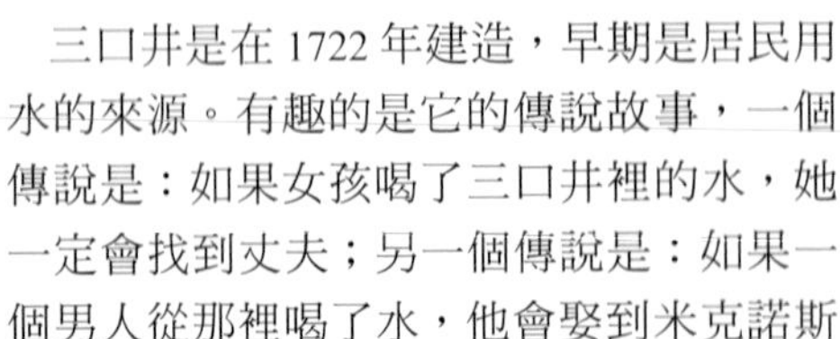

三口井是在 1722 年建造，早期是居民用水的來源。有趣的是它的傳說故事，一個傳說是：如果女孩喝了三口井裡的水，她一定會找到丈夫；另一個傳說是：如果一個男人從那裡喝了水，他會娶到米克諾斯的女孩，在 Google Map 上請搜尋 ASTRA。

天堂的幸福 (HAPPINESS)

在叉路口不管選擇向右走向左走，都會走向天堂的幸福商店招牌，老闆 Eftychia(在希臘語中表示幸福)，所以把店取名為 HAPPINESS，希望看過的人永遠要善良並尋求「幸福」！

找到獨具一格的明信片風景

看似長得差不多的每條街，暗藏許多美景

去對季節就有機會看到炸開的各色九重葛
(拍攝時間5月底到6月初)

午安！穿上比基尼海灘曬太陽

淺藍色水晶般清澈的海水，粉白色或金黃色的沙灘以及如畫的風景，是下午打發時間的好去處。

比基尼辣妹、小鮮肉是海灘的靈魂

貼心提醒　海灘收費不斐，請先上網查價

米島派對沙灘大多都是商業經營，從餐點到太陽傘躺椅都價格不斐，依據海景第一排跟不同區塊來區分價格(部分可先上網預約)。某些沙灘可以自己帶沙灘巾鋪在沙灘上，每年的規定都不一樣，出發前可以先上各海灘官網查詢。

Paradise Beach

小資入門款最佳選擇

來到米島不能錯過的海灘就是天堂海灘，1969 年 Freddy 創立一個隱蔽的天堂，志趣相投的人去那裡尋求自由、樂趣和朋友。嬉皮客帶來了裸泳文化，希望大家不在意他人眼光做自己，雖然隨著觀光客越來越多，裸泳的人變少了，但新的 Beach Club 模式將天堂海灘推向了世界，票選為全球第十四名最佳俱樂部。

➡開車：從Chora Town出發約15分鐘可到達。公共巴士：從公車總站Fabrika出發，旺季時每半小時一班車

日光浴躺椅年年調漲價格

Super Paradise Beach

瀰漫波西米亞風的日光生活

隨著遊客越來越多，派對海灘也越來越多，每家經營的都有自己的風格。早上下午都能曬太陽享受日光浴，水晶般清澈的海水呼喚著旅客來暢遊一番，盡情放鬆、做白日夢和放空。這裡是一個奇幻世界，沒人在意別人眼光，穿越多越奇怪，記得融入其中。若要拍攝請注意他人隱私，不要將鏡頭對準別人。

➡開車：從Chora Town出發約15分鐘可到達。公共巴士：從公車總站Fabrika出發，旺季時每一小時一班車

Ornos Beach

當地人下午來這裡偷閒

一個海邊的小村莊，海灣被豪華的度假勝地和房屋所環繞，沙灘上井井有條，提供付費遮陽傘和躺椅。因為鄰近市區所以是許多工作者下午休息時間最喜歡來充電的地方，也很適合下水泡在愛琴大海中。

如果你不喜歡派對海灘，或是震聾欲耳的 POP Music，只想好好享受海邊閒情，這裡就是你下午最好的去處。

➡開車：從Chora Town出發約10分鐘可到達。公共巴士：從公車總站Fabrika出發，旺季時每半小時一班車

夕陽西下！夕陽美景可不會輸

雖然很少人會建議到米島看夕陽，但其實看過米島夕陽的人就知道，這裡的震撼感可一點都不輸給知名聖地，真的要親眼見證才能體會！

看夕陽的首選：Little venice，讓人醉的色彩

解放吧！一起PARTY PARTY

夜晚才是米克諾斯展現最有活力的時刻。在下午，海灘上的男孩女孩們盡情享受陽光，而當他們回到飯店，整裝梳洗後，瞬間變身成為潮男靚女，紛紛走出巢穴。

白天深鎖大門的店家在晚間 10 點後才逐漸活絡起來。夜晚是擁有無盡想像空間的時刻，這些店家搖身一變成了小酒館、Disco、Pub、Lounge Bar、Night Club 等。

別感到奇怪為什麼照片都是白天拍的，因為在晚上拍攝時，一切都模糊而不清，無法呈現給大家。晚上到底氣氛如何，就需要親自去體驗囉！

鎮上幾家越夜越熱門的BAR

夜晚跑趴注意事項

1. 歐美人士如果有晚餐邀約或跟朋友去夜店玩，都會精心打扮一下，所以記得穿著不要太過隨便。
2. 米島人潮集中在 5 月中到 9 月中，鎮上是不夜城，酒吧晚上 10～11 點才開門。其他季節夜晚人潮變少很多，千萬要集體行動，以確保安全。

來米克諾斯，買什麼？

在這座純白的方糖屋裡，從傳統雜貨到精品店，各種商家都競相吸引著前來遊玩的觀光客。小巷中上百家的特色商店，看到有興趣的進去絕對可以找到好物件，但畢竟米克諾斯就是以奢華為著稱，很多商品價格確實偏高，與其花時間比價相似物件，倒不如找獨特一點的商品帶回家吧！

希臘爺爺精選希臘特產

Savvas Greek Deli

走進店內看得出來每項商品都是店家精選，薩瓦斯 (Savvas) 爺爺希望把正宗傳統希臘產品推廣給大眾，商店擁有 25 年的歷史，該店的 Logo 就是創辦人薩瓦斯爺爺。

這裡擺放著一整排希臘各地得獎的橄欖油品牌，專業的店員會細心地介紹每一款橄欖油的特點，讓你深入了解品質優良的橄欖油風味。更重要的是，他們會分享如何烹調，以展現橄欖油最佳的風味。來這邊也不怕買到假蜂蜜，全部都是精挑細選。

➡從Fabrika bus station走路約3分鐘可到達

店內出產商品會有認證貼紙

滿足你在米島買一棟房子的慾望

Levart

每次經過都覺得會不自覺拿出手機拍一下這家店門口，整面牆都放著米島家門前的縮小版景色，各色的門窗，一字排開每個都有獨特的靈魂，從開門的手把、大門上的鐵窗窗花，到家門前的小盆栽，都微妙微肖神還原，帶回家當成最好的回憶裝飾品。

➡從Manto Mavrogenous square走5分鐘可到達

戴上一秒變身大明星

Kopajos

墨鏡真是希臘旅遊時不可缺少的配件，戴上墨鏡立刻變有型，拍照起來也時尚，店內各種顏色、不同個性的鏡框，一戴上便會有不同的人設，許多網紅也是這家墨鏡的愛好者。

這家店提供超過 100 種型號和 5,000 多種不同材質與花色選項的墨鏡，旨在滿足每一位來店客人的需求，都可以找到最中意、時尚且實用的眼鏡。

從Manto Mavrogenous square走3分鐘可到達

蘊藏米島文青生活縮影

Anapolo

寧靜的三叉口，被各式鮮豔派對服裝店圍繞著，讓人好奇裡面賣什麼？小小一家店裡，有琳瑯滿目各式各樣紀念品，陳設有經過思考擺放，讓人一目了然。店內有希臘各具代表性的設計商品，從基本款的紀念品鑰匙圈、杯子、杯墊，到香氛蠟燭、精油，樣樣都帶有濃濃希臘米島的回憶。

從Manto Mavrogenous square走3分鐘可到達

無腦米島控必買，隨時都感覺到米克諾斯的氣息

讓遊客淪陷的紀念品店

Minigreece Gift Shop

一生只來希臘一次的話，不亂買點東西回去，真的說不過去。賣紀念品的店不少，但這家有開闊的店面，經過目光和腳步就會停留下來，商品樣式比較新穎，特別是冰箱磁鐵貼，要選就選最醒目、造型最誇張的，每看一次就想起旅行的美好。

從Manto Mavrogenous square走2分鐘可到達

小手袋也是大包內的好夥伴，找東西時超便利

來米克諾斯，吃什麼？

美食到處皆有，但在米克諾斯無法取代的就是美到令人無法呼吸的美景，港灣區餐廳林立，各家都屹立不搖，各有自己主打的強項。米島的餐廳真的相當競爭，房租也異常的高，大部分歷史悠久的餐廳都有一定的口碑，但也有少部分把觀光客當肥羊宰，選擇前一定要多看評價。

熱情無比的招待

Vegera Restaurant Café Bar Mykonos

每次到米島都會到這家餐廳坐坐，餐點真的相當對胃，擺盤也都很有質感，非常適合拍照。上菜速度也算迅速，而且還提供外帶服務。特別喜歡在中午時分來這家餐廳坐在吧檯，欣賞著門外的海天一色，看著遊客來來往往，感受到這正是旅遊中最令人放鬆的時刻。

港灣區每家餐廳前面都有人在招攬客人，就這家的特別親切，連過路的遊客詢問資訊也會耐心回答，讓人印象深刻。

➡從Manto Mavrogenous square走8分鐘可到達

大推這位攬客經理，服務到位用心

意想不到的義式美味

D'Angelo Restaurant

島上有兩家極具聲望的義大利麵餐廳，其中一家隱身在巷弄中，而另一家則座落在風車旁。餐廳的色調搭配相當獨特，桌上擺放的鮮花更增添了一份小巧雅致的氛圍。

每一道料理都是由主廚巧手製作，擁有樸實的自然風味，挺過疫情仍屹立不搖。無論是開胃菜、義大利麵，還是必點的 Pizza 類，每一款看起來都令人垂涎欲滴，而且價格相當實惠。

➡從Manto Mavrogenous square走10分鐘可到達

沒有無敵景色靠的就是真材實料，獲得不少好評。圖片提供／黃揚名

就是要給你不一樣的 Souvlaki

Pepper Souvlaki & More

在米島狹窄的小巷裡，一家以黑白為主色的餐廳更是顯得格外搶眼。座位區靠近牆面，尤其在街角的位置，烤肉香氣四溢，引來路過的遊客紛紛望向桌上的美味。

特別推薦的是經典的烤肉串料理，肉很大塊，烤得剛剛好，帶有迷人的焦香味，肉汁很多不柴。若吃膩了烤肉捲餅，這裡的漢堡類也是招牌之一。小牛肉製成的多汁肉片搭配大量香濃的起司和薯條，先是看圖片就令人垂涎欲滴。

➡從Manto Mavrogenous square走8分鐘可到達

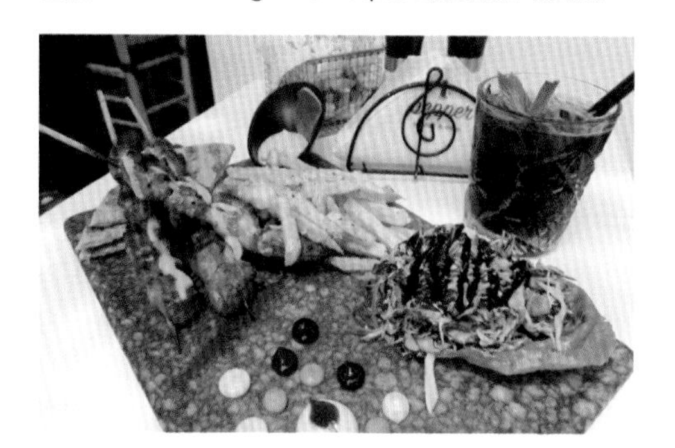

手工披薩要吃多少自己決定

il forno di Gerasimo

在米島就是要迷路，越迷路越可以找到一些特殊的小吃。這家店隱藏在小路中並不好找，但沿著香氣一定可以找到它。這裡看起來就像雜貨鋪，一早就開始新鮮烘培麵包和小點心，架上擺放著乾貨類義大利麵，整間店散發著小麥香氣。

台上的披薩販售速度很快，每次去都看到不一樣的口味，料多看起來好誘人，吃多少買多少，簡直太適合嘴饞什麼都想試一口的人，熱騰騰出爐時，起司還會牽絲。

➡從Manto Mavrogenous square走5分鐘可到達

可依自己喜歡的大小、口味自由配

健康早午餐活力滿滿

HealthyLicious

旅遊時特別重視早餐時刻，有時會放棄在飯店內享用，來街上尋寶有什麼令人胃口大開的食物，開啟美好的一天。這家餐廳位在人潮頗多轉角街口，由於內縮了一點，保留一絲絲隱密感。

主打健康料理，高纖維高蛋白以及低升糖指數食物，健康水果奶昔推翻食物健康就不好吃的刻板印象。喜歡走路需要滿滿能量的讀者，特別推薦有超級食物酪梨的餐點，是一個結合飽足感與清爽口感、無負擔的最佳選擇。

➡從Manto Mavrogenous square走4分鐘可到達

不輸給米其林推薦餐廳

Phoebus Mykonos Pescatarian Wine Restaurant,Seafood

在巷弄中閒晃時，注意到一家小餐酒館正在打掃準備營業，上網查了一下評價很高，就決定來試試看。晚上的氣氛很好，步調緩慢，與港邊的氛圍完全不同。沒有景色加分，只能依賴菜色來贏得顧客心靈。雖然價格相對較高，分量不算多，但絕對值得，而且菜單會隨著進貨而微調，每一道菜都讓顧客對廚師送上掌聲。

兩位來自米島的青年，閒聊當中開啟了米島大海挖寶之路，每天從魚市尋寶，再到當地市集尋找配對食材，使得每道菜的水準都與大多數餐廳有所不同。

➡從Manto Mavrogenous square走5分鐘可到達

螞蟻人的最愛

Macarena Gelato Mykonos

如果你熱愛邪惡美食、生活中不能缺少甜點，歡迎來這家坐坐。一踏入店內，你會感受到溫馨的木質調色系和白得發亮的牆面，簡約的甜點外形小圖示清晰告訴你每款甜點的口味和主打商品。

檯面上最矚目的是希臘優格霜淇淋，配上新鮮水果炎熱的夏天吃最解渴。鬆餅則是有分厚和薄，厚的是格子鬆餅，現烤出爐奶香味四溢，現做薄餅有提供鹹點濃稠的 Cream Cheese 和多種肉類選擇，愛甜食的特別推薦試試香蕉巧克力口味，絕對是最經典的選擇。

➡從Manto Mavrogenous square走4分鐘可到達

跟著當地人來在喝咖啡

El Burro Mykonos

要玩得 Local，就必須脫離觀光區，在飯店櫃檯的推薦下，來到這家在公路旁的咖啡廳，一大早就坐滿當地人，還有許多人來外帶。暫時放下不真實的米島生活，感受一下當地生活圈。到了夜晚會有不同主題，邀請 DJ 現場播放音樂，咖啡廳搖身變成 Lounge Bar，人潮川流不息，因主要是當地人聚集的地方，淡季不受影響，依舊營業。

咖啡果真就是香，苦但不酸澀，早餐的吐司奶油香味很夠，價格比 Chora 巷弄和海景第一排便宜很多。

➡從Fabrika bus station走路約16分鐘可到達(一路上坡)，開車約5分鐘

這個吐司有下過功夫，中間的配料平凡卻不簡單

島上最古老 500 年甜點店

Gioras Wood Medieval Mykonian Bakery

從外面看來黑黑暗暗的，經過店門口無數次一點都沒有想進去的念頭，直到有一次看到三位高大的男生，低著頭等著排隊進去，引發好奇心去看看，沒想到找到寶了。

1420 年起由 Vamvakourides 家族傳承至今，是基克拉迪斯群島中仍在營業最古老的麵包店。幾百年來依舊按照傳統配方與做法，火窯烤出來的麵包和小點心，增添了一股炭火香氣，吸引大量遊客跟當地人來嘗嘗好味道，價格實惠，更是許多預算有限的背包客，飽餐一頓的選擇。

➡從Fabrika bus station走路約3分鐘可到達

各式經典鹹派，香脆帶嚼勁的小點心

住宿推薦

來米克諾斯，今晚住哪兒？

一年最熱鬧的季節集中在 5 月中到 9 月中，要把一整年的房租、設備建設等管銷在半年的時間賺起來，房價也可愛不到哪去。

住宿建議選擇在 Chora 鎮上，地形雖較聖島平緩一些，但開發時一樣必須依地形去做建造，許多飯店也喜歡建在坡上，爬坡雖然辛苦但可以看到一流的景色。島上有電梯的飯店極為稀少，大多建成兩層樓；在蜿蜒小巷中的民宿，更是無法開車進入，不可避免需要動手搬運行李。

身為度假狂歡天堂，這裡有許多知名精品飯店吸引全球網紅慕名而來，像是 Cavo Tagoo Mykonos、Bill & Coo Suites and Lounge、Branco Mykonos、Myconian Collection 系列飯店，都是奢華的頂級代表，也為大量年輕人推出 Hostel 或民宿，例如米島風膠囊旅館類型的 Mycocoon Hostel Mykonos，以及 Mykonos Chora Apartments，位置點都不錯。

住宿區 鄰近舊港

跟小鎮走路 5 ～ 10 分鐘，稍微有點距離美感，適合想要住得很近又想寧靜的旅客。

PORTO MYKONOS HOTEL

在一格爬坡上，上下坡算輕鬆，但要注意川流不息的車陣，腹地寬敞，每間房間幾乎都是面海房。早餐坐在戶外，吹著微風俯瞰 Chora 小鎮，下午則可以泡在泳池享受米島太陽。

Riva Suites

規模雖然不大，飯店簡簡單單的搭配和家一樣舒適，主打房間有室內或室外的熱水池，一出房間就可以看到海景，只限成人入住。

如果你是個懶得走很多路、喜歡逛街購物、且夜晚喜歡享受一杯的旅客，絕對建議選擇住在核心區域，確保住宿地點的方便性。

Leto Hotel

這家飯店坐落在港灣區，擁有絕佳的地理位置，使得逛街、用餐或搭船變得非常方便，而且飯店的設施也相當齊全，是少數島上有電梯的飯店。大廳別緻典雅，每個角落都可以拍出不一樣的感覺。若住高樓層躺在床上就可以看到海景，附設的游泳池雖然偏小，但一走出飯店大門就是沙灘，相當舒服。

Semeli Hotel Mykonos

若你有點預算，相當推薦這家飯店，它顯然是一家水準極高的五星級飯店。時尚低調且奢華的設計讓人印象深刻，令人眼睛為之一亮。

白色系是普遍飯店都會採用的主打色，這家也不例外，另外採用 Tiffany 藍當作字體的配色，多了一份愛琴海的溫柔感。一走進房間內，每一位住客都會不經意發出哇的一聲，就是大家理想中高級感十足的飯店。

Anastasia's Visage Mykonos

對於想要體驗住在巷弄陽台房的旅客來說，這家飯店是非常合適的選擇。連外表都看不出來是民宿，附近就是當地居民的家。雖然距離主街只隔著一個轉彎，但不用擔心一點也不吵雜。

基克拉迪斯群島 小島❸

納克索斯

Νάξος/Naxos

一顆被低估的寶石

歡迎來到基克拉迪斯群島中最大的島嶼，總面積達 430 平方公里。這片土地擁有眾多的平原和山谷，自古以來以出產橄欖等各種農產品和優質葡萄酒而聞名。島上的村莊一直保持著原有的生活面貌，直到最近才開始迎來旅遊業的發展。

喜歡寧靜純樸和崇尚自然景觀的旅客，這裡將是最好的選擇，納克索斯物價相對許多小島物價便宜許多，相當適合親子旅行，你可以多花點時間認識它。

米克諾斯地圖

交通資訊

- **渡輪**：雅典的西岸比雷埃夫斯港口 (Piraeus) 或東岸拉斐那港口 (Rafina) 都有船可到納克索斯港 (Naxos Port)，船程約 4 ～ 6 小時，取決於渡輪類型。
- 從雅典 (ATH) 直飛那克索斯機場 (JNX) 約 40 分鐘。

島上交通

- **租車**：若待上幾天打算深度遊玩納克索斯島，租車是必要的。
- **公共巴士**：由於島上有許多永久居民，官網有清楚的車城資訊，觀光客也容易參考使用。請注意，車票只在售票處販售，車上沒有賣票。

公共巴士車票

- **計程車**：夏季時需求量大，需要接送往返記得提前預約，網址：www.naxostaxis.com。

http 巴士時刻表請搜尋：Naxos buses

步行遊覽 Chora 必做 5 件事

納克索斯島的主要城鎮 Chora，位於山頂上，沿著階梯而上，可以欣賞到愛琴海的壯麗美景，同時眺望到遠處的威尼斯城堡。彷彿穿越了時空，進入了一個生機勃勃的中世紀小鎮。

在狹窄的小巷中漫步，會經過各種紀念品和當地產品的小商店，以及熱鬧的咖啡館、酒吧和餐館。中世紀建築與獨特的美景完美融合，呈現出獨特而迷人的景象。

必做 1 參觀打卡地標波塔拉 (Temple of Apollo - Portara)

乘船抵達後，遊客首先會迎接到一座巨大的大理石門。這座門的歷史可以追溯到公元前 6 世紀，當時納克索斯島正處於輝煌的時代。統治者利格達米斯 (Lygdamis) 當時有著宏偉的計畫，希望建造一座最高、最宏偉的神廟，據推斷是為了獻給太陽神阿波羅，因為該神廟面向提洛島 (Delos)，阿波羅的出生地。然而，在西元前 506 年，這位暴君被推翻導致計畫停止。

在之後的 5 ～ 6 世紀，人們在神廟遺址上建造了一座基督教教堂。然而，在威尼斯統治時期，為了建造堡壘，他們拆除了神廟的結構作為建築材料。令人欣慰的是，神廟的大門仍然保留下來，被稱為 Portara。這座大門高 6 公尺，寬 3.5 公尺，門柱重達 20 噸，由於其重量太過沉重，因此成功保存至今。

下午與黃昏：午後是拍照的最佳時刻，大門就像畫框把 Chora表框起來

拍照小祕訣

上午：面光這面背景是大海，稍微背景單調一點。

正午：從框中拍城市，陽光正好，但大門會偏暗。

知識充電站

波塔拉的神話故事

據說這裡就是神話中忒修斯丟下阿里阿德涅的地方，故事詳情請見 P.99。

必做 2 走入巷弄處處是美景

沿著港邊的任一條巷子都是展開探險的起點，迷人的角落處處可見。放慢腳步用心感受，以下這些經典場景，一看到就能領略到這裡是納克索斯的獨特魅力。

I ♥ Naxos、砸派男孩 (Kid with the cake)

這兩個拍照熱點都在 Apostolis 餐廳周圍，有許多好迷人的角度可以取景，餐廳晚上才營業，白天可以盡情拍。搜尋：Apostolis

草綠色大門

強眼的綠，在大多都是藍白中特別突出，是許多街頭攝影喜歡捕捉的美麗街景。

搜尋：Notos Art Club

必做 3 下午 2～5 點到港邊咖啡廳悠閒片刻

即便在旺季，島上某些商店依舊維持著午休的習慣。懶洋洋的午後，在愛琴海邊發呆，標準旅遊模式 ON。

必做 4 參觀 Naxos Folk Museum

創始人自 1975 年以來，精心挑選的物品完美地記錄了過去兩個世紀的傳統民間藝術，進入這個空間，彷彿穿越時光回到過去的年代。這些珍貴的物品來自希臘各地，但主要的收藏來自於納克索斯島。

必做 5 登上 Venetian Castle of Naxos

城堡本身的歷史可追溯至 13 世紀初。由威尼斯人馬爾科・薩努多 (Marco Sanudo) 建造，他於 1209 年占領了整個納克索斯島以及其他基克拉迪群島共 17 個島，並於 1210 年加冕為群島公國公爵，以納克索斯為首都。城堡由四層組成，是納克索斯島唯一的圓形城堡。城堡有三個入口，穿過它進入城堡後，您會被帶到另一個平行時空。

城堡中的 Archaeological Museum of Naxos 免費參觀，還有門票可以留作紀念。

最大入口特拉尼門(Trani Porta)

城堡建立在古代衛城上，使用原始的柱式來建造

知識充電站

大主教的徽章

在教會的傳統中，鵜鶘被描述為傷害自己的乳房來餵養幼崽，是基督非常常見的象徵，代表祂為我們的救贖而流血。下方的三道波浪代表大海，而盾牌頂部的 8 顆星星是大主教管理的 8 座島嶼，兩朵百合花分別像徵著聖母瑪利亞和大主教的守護神聖約瑟夫。

中心有一座天主教大教堂(Catholic Cathedral of the Presentation of the Lord)

島上 2 大最佳沙灘

想到納克索斯很容易聯想到神話、遺跡、村莊，但殊不知海灘其實非常適合待上一整天。大部分的沙都很細緻，海岸線很長腹地廣大，不會太擁擠，也不是狂歡派對類型，走寧靜與大自然融合在一起的路線。

細長型沙灘大多位於島的西側，發展較完善但遊客也最多，東部的海灘則保持比較原始的面貌。

Agios Georgios Beach

距離首都最近的海灘，因此是島上最受歡迎和最擁擠的海灘之一。沙子很軟，水很藍，隔海相望，將帕羅斯島的美景盡收眼底。由於多風和海浪，它是相當受歡迎的風帆衝浪地點之一。

➡從公車總站出發，沿著海岸線走約15分鐘可到達

Agios Prokopios Beach

長達 1.5 公里海灘由稍粗的黃沙組成，在陽光的照射下閃閃發亮，海水純淨受到潛水客的喜愛，也得到藍旗獎的肯定。有許多餐廳和咖啡館，可以在海灘上耗上一整天，鄰近也有許多優質價格也親民的度假型酒店。

➡開車：從公車總站出發，約15分鐘可到達，7～8月停車位較難找。搭公車：從公車總站出發，約15分鐘可到達

來納克索斯，吃什麼？

必須說，這裡真的很難選擇餐廳，評分幾乎都很高，無論海景第一排或是藏身巷弄裡的，踩雷的機率很低，價格也不會太貴。

不來你真的會後悔

AVATON 1739 - Coffee & Wine Roof

位在城堡最高點，烏爾蘇拉舊修道院 (the Old Monastery of Ursulines) 改建的酒吧咖啡廳。景色非常壯麗，可以欣賞到附近納克索斯島的村莊、港口和扎斯山。

從咖啡豆、葡萄酒的挑選到選用的器皿，經營團隊相當用心展現 Made in Greece 的驕傲，許多經典菜色也是從修道院時期流傳下來，任何時刻來都很棒。

知識充電站

關於納克索斯的希臘神話

多情宙斯隱藏天神形體下到凡間和底比斯 (Thebes) 塞墨勒 (Semele) 公主談戀愛，天后赫拉 (Hera) 忌妒心作祟下，希望宙斯用雷火燒死塞墨勒，便慫恿公主向宙斯要求看一眼宙斯天神的模樣，拗不過公主的請求，現身時公主當場被宙斯的雷火燒死！

宙斯早就料到會發生如此慘況，立即搶救出塞墨勒肚裡的嬰兒，把他縫進自己的大腿中，直到足月再將嬰兒取出，誕生下來的孩子即是戴奧尼索斯 (Dionysos)。

長大後，賜福給島上的人們葡萄園。從那時起，人們就崇拜他，並給他酒神的稱號。

基克拉迪斯群島 小島❹

帕羅斯

Πάρος/Paros

談情說愛的愛琴小島

常有人說這裡是 20 年前的米克諾斯，畢竟有太多相似的場景，白色街道迷宮、熱情綻放的九重葛。我認為很適合情侶一起來，有熱鬧的氣氛但不會太過擁擠，在寧靜的村莊中又可以找到電影般的場景，很適合小倆口談戀愛。

帕羅斯地圖

交通資訊

- **渡輪**：雅典的西岸比雷埃夫斯港口 (Piraeus) 或東岸拉斐那港口 (Rafina) 都有船可到帕羅斯港(Paros Ferry)，船程約 3 ～ 4.5 小時，取決於渡輪類型。
- **飛機**：從雅典 (ATH) 直飛帕羅斯機場 (PAS) 約 40 分鐘。

島上交通

- **租車**：停留時間越長 (3 天以上) 越需要租車，城鎮有點距離，路況普遍良好。
- **公共巴士**：巴士可到達島上的許多地區，但時刻表比較亂，記得先到公車站牌把時刻表拍起來。
  售票亭購票，全票 1,80 歐元起；若車上購買全票單張 2 歐元起 (依距離來調整)。
  巴士時刻表請搜尋：Paros buses
- **計程車**：島上大約有 26 台計程車，會在招呼站排班，也可以搭車時跟司機拿名片，約定地點與時間，以免久候。

帕羅斯的小村莊❶

帕羅奇亞

Παροικία/Parikia

純樸宛如畫

這個擁有 3,000 多名當地居民的地方，環繞著港口而建，呈圓形劇場，街道上點綴著粉刷成白色的立方體和平頂房屋，建築線條簡潔，彩色木門、窗戶和陽台點綴其間。

漫步首府必做的 4 件事

第一次抵達時，除了看到港邊風車造型的遊客中心，後面還有小廣場，真的有點想跳過這裡，但不走進巷弄真看不出這裡隱藏著好多精品小店、透心涼的冰淇淋店，穿過到海邊更有好多海景咖啡廳，巷弄中居民們的住家，各個宛若一幅風景畫。

必做 1 從迎接遊客的風車 Windmill in port 開始

港邊的大地標，由威尼斯人於 17 世紀初建造，常常擠滿接送人潮，計程車招呼站和公車總站也在這附近。同時也是很多人推薦看夕陽的地方。

必做 2 帕羅斯大看板合影

不要覺得俗氣，證明到此一遊對旅程來說也是很重要的，畢竟有可能一生就來這一次了。由 COSA Breakfast-Cafe-Bar 所設立，這裡除了提供豐富的早餐選擇，也是看夕陽很棒的地方。

必做 3 參觀最古老教堂 Holy Church of the Virgin Mary Ekatontapyliani

島上最古老的教堂，Ekatontapiliani 這個名字的意思是百門教堂 (ekato 意思是一百)。根據傳統，它有 99 扇可見的門和一扇秘密的門。

它是希臘最重要、保存最完好的早期基督教教堂之一，最舊的部分建於 4 世紀，到了 6 世紀，拜占庭皇帝查士丁尼進行改造，增建了圓頂。幾個世紀以來進行了許多的改革，教堂是古基督教、拜占庭和後拜占庭元素的綜合體。

$ 免費或自由奉獻 ➡ 從港口風車出發走路3分鐘 ⁉ 入內參觀請勿穿太過暴露，門口有披肩可自由使用，使用完請掛好

鍍銀的基督和聖母瑪利亞的安息聖像

知識充電站

教堂建立的傳說

前往聖地尋找聖十字的旅途中，一場風暴將聖海倫帶到了帕羅斯，她在那裡向聖母許諾，如果她成功，就會建造一座教堂。她的祈求得到了回應，因此聖海倫返回時，建造了這座令人印象深刻的教堂。

另一個版本則聲稱這座教堂是她死後，為了紀念聖母升天，由兒子君士坦丁建造的。

必做 4 穿越城市公園走進巷弄

主街上新舊建築交融，形成特殊的情景，複雜變化多端的窗台窗花，有夠吸睛，一定要抬頭往上看。

Vanilla Gelateria

逛累了可以來島上冰淇淋霸主 Vanilla Gelateria 休息一下，特濃冰淇淋，好吃又好拍。

Sigalas

主要兩條購物街 Lochagoi Georgioi Gravari 和 Lochagou Kourtinou，許多精品服飾讓人看得很心動，像是 Sigalas 號稱小少女購物天堂。

Anthemis

喜歡手工紀念品店的，Anthemis 質感精緻，運用創意與想像力，將織品組合在一起，是相當有趣的藝品店。

法蘭克城堡 (Frankish Castle Paroikia)

最古老的古蹟之一，它由威尼斯 Sanoudo 家族於 1,200 年建造，只剩小小灰色區塊，沒有特別找很容易錯過。

大理石噴泉

這裡藏著 3 座大理石噴泉，1777 年瓦拉幾亞執政親王 (The ruler of Walachia) 尼古拉斯・馬夫羅吉內斯 (Nikolaos Mavrogenes) 所捐贈。

最出乎意料的風景就在家門口

一窺看當地人的生活，一定要往深處走，超多平凡無奇的畫面也可以變成明信片風景。

當地人的住家，一家比一家漂亮，若碰上九重葛盛開時超好街拍

來帕羅奇亞，吃什麼？

用餐分為兩個大方向，喜歡看風景的，港邊餐廳永遠都是最好的選擇，無論是早餐、下午茶、看夕陽，先不說餐點，光景色就加分不少。到了晚上街道中飄香，許多庭院樹蔭下餐廳才開始營業，也是另一種感受。

邊吃飯邊交朋友

Albatros

這家餐廳不僅以美味的食物為主角，更以卓越的服務成為吸引顧客再次光臨，並成為難以忘懷的回憶的原因。一開始由媽媽經營，第二代女兒超可愛又熱情，是個喜歡韓劇及對亞洲很感興趣的女孩，聊起來超愉快！來港邊餐廳點海鮮類，幾乎都不會出錯，炸花枝和海鮮義大利麵分量十足。

➡從港口風車出發走路2分鐘

最接地氣來吃個便當

Lemon...e

就算是出國度假旅遊也不想天天吃大餐，這時就來當地人也會來外帶的便當店試試。每天菜色有點小小不同，雖然家常菜色拍起來不太好看，但客人絡繹不絕一次就是打包好幾分帶走。

➡從港口風車出發走路8分鐘

納烏薩

Nάουσα/Naousa

超殺底片迷人漁村

港口本身很漂亮，一排基克拉迪小漁船緊緊地依偎在一起，港邊的漁船如今依舊出海捕魚，港邊有些傳統小酒館，現代時尚的國際美食和別緻的雞尾酒吧也在港邊綻放，昂貴的設計師服裝精品店，也為這裡增添了不同凡響的國際化潮流風采。

在納烏薩必做的 4 件事

儘管旅遊業已經蓬勃發展，這個可愛的漁村仍然保持其傳統特色和魅力，有粉刷成白色、鮮花盛開的小房子、小教堂和禮拜堂，周圍環繞著迷宮般狹窄的石頭鋪成的街道，IG 上的熱門照片都是店家營造的完美畫面。

必做 1 造訪爆紅熱點 Naousa port

這裡的景點都不是大景點，但都非常好拍，什麼時間來拍就很重要了！

早上：要拍沒有人的網美照，建議早上 8 點左右來 (不同月分觀察一下太陽光是否已經夠強) 這時光線比較柔和，人和景都會因為自然光而加分。港邊每家餐廳或酒吧後面有愛琴海當背景，隨便拍都好看。

傍晚：太陽快西下時，微微的光線，呈現出一種朦朧美，遊客三三兩兩坐在港邊欣賞夕陽美景，移動人潮還沒有這麼多，拍起來比例相當棒。

必做 2 參觀堡壘 (Naousa Paros Venetian Castle)

威尼斯堡壘為這地方增添了一絲歷史氣息，最早建於 14 世紀初，而在 15 世紀時由威尼斯人加固，使其成為一座具有圓形防禦結構的堡壘，用來觀望海盜和敵人襲擊的瞭望塔以及戰爭時期的前線。由於其建築結構，敵艦很難接近港口，但年久失修，如今大部分已淹沒。走在狹長的城牆上，步步驚心，強勁的海風讓浪不停拍打牆壁，很容易淋濕。

必做 3 造訪鄰近最棒的海灘 Kolympethres

Kolympethres 是納烏薩鎮附近的一個海灘，與帕羅斯島的其他海灘完全不同，擁有水晶般的海水和涼爽的岩層，令人驚歎。獨特的岩石形成了可供游泳和休息的好地方。

Naousa Boats有定時接送公共汽船，來回10歐元

必做 4 若有時間去看看 Faneromeni (Panagía)Church

在小山上的聖母升天教堂，從村莊的每個角落都可以看到它。原址的教堂嚴重損壞，拆除後由居民捐款重新建造。19 世紀完工的教堂，沒有藍白配色，改成綠色圓頂、紅色點綴著細節，兩座鐘樓以及橙色的門。

🕒上午8點到中午免費開放參觀

來納烏薩，吃什麼？

這裡就是個不夜城，有 24 小時營業的麵包店，咖啡廳很多 8 點就開始營業，酒吧營業到早上 6 點，無時無刻都可以找到用餐喝酒的地方。但要建議要精挑細選，有些裝潢很美人很多，但評價不是那麼好，但也有不少座落於巷弄中的餐廳，熱門到需要提早訂位。

真想嘗遍菜單上所有菜色

Daverona

典雅的兩層樓建築，強眼的正紅九重葛，吸引遊客的目光。露天座位區有限，擺放不會太過擁擠，很適合情侶來燭光晚餐，樓上陽台座位區可以看到絕佳的藍頂教堂景色。從開胃菜到前菜到主餐，以及招待的甜點，不是只有好看，料理只能用讚不絕口來形容。

➡從Taxi Paros出發走路3分鐘

炸馬鈴薯配上起司與培根，有夠邪惡好吃

不只配色美，口感更是棒，推薦番茄沙拉

傳統麵包餅店界的小七

Ragoussis Bakery

100 多年來，著名的 Ragoussis 麵包店一直製作基克拉迪斯群島上最棒的美食。24 小時營業，你想吃的傳統希臘餅乾、小點心或甜點在這都找得到，價格也親民，許多遊客都會在早上來這裡享用一套有咖啡、果汁和主食的早餐，豐富營養又好吃。

➡Taxi paros naousa正對面

跟著當地爺爺喝咖啡聊是非

T' Ανείποτα

沒有華麗的景色，就是一家附近居民會來跟老闆或是鄰人聊天的小咖啡廳。旅客常說除了觀光，還想看看當地人的生活，來這邊坐著非常能感受當地日常，爺爺們會點上一杯咖啡，閒話家常，真有點羨慕這樣愜意的生活。

➡從Taxi paros naousa出發走路2分鐘

無法言喻的Q彈有嚼勁

Λουκουμάδες Το Παραδοσιακό

如果沒有人在門口排隊，真的很容易忽視它，畢竟很多地方都有希臘甜甜圈。站在小窗台看著老闆現做，一顆一顆地放到油鍋裡，這畫面真療癒，現炸起來再加上濃濃巧克力醬，一口咬下，會讓你睜大眼睛，實在太好吃了！

➡從Taxi paros naousa出發走路3分鐘

當地鮮奶手工冰淇淋

Nonna Crema

新鮮的自製冰淇淋，具有典型的希臘風格：濃稠、奶油狀和光滑，絕對能讓你經歷舌尖上的天堂體驗，從味蕾到體感都舒爽。推薦經典草莓、焦糖以及超受歡迎的開心果，吃起來層次非常豐富，如果晚到選擇就少一點。

➡從Taxi paros naousa出發走路4分鐘

3 座原汁原味小村莊

島上還有許多其他古色古香的村莊，因保留了傳統的基克拉迪建築而受到讚譽，村落都不大，人潮也不擁擠，也有許多著名的經典拍照畫面，可以安排半天租車晃一晃。

萊夫克斯
Lefkes

帕羅斯島最美麗、最著名的村莊之一，建在島中心的一座青翠山丘上，周圍環繞著松樹和橄欖樹，瀰漫著牛至和百里香的香氣。小村莊處處都有歷史的痕跡。大部分石牆和房屋的歷史可以追溯到中世紀，當時萊夫克斯是該島的首府。

聖三一教堂 (Agia Triada) 是一座美麗的拜占庭式教堂，也是該村的主教堂，由精美的白色大理石建成，在陽光下閃閃發光。

皮索利瓦迪
Piso Livadi

平靜的小村莊受到帕羅斯大理石塊的保護，風徐徐的吹來，風平浪靜為漁船和小型遊艇提供了理想的錨地。寧靜也是一大特點，待上幾小時讓旅程慢下，小海灣整排的海鮮餐廳，都頗受好評。

馬爾皮薩
Marpissa

建在一座低矮的山丘上，呈圓形劇場。主廣場上有 4 座風車，最出名的芭比粉大門，是許多 IG 短片上最受歡迎的場景。房屋和小巷都很夢幻，沒有開發太多住宿，房屋風格保留 16 ～ 17 世紀原始風格，徒步寧靜在其中充滿樂趣。

來帕羅斯島，今晚住哪兒？

大多數人都會選擇帕羅奇亞 (Parikia) 或納烏薩 (Naousa) 這兩個區域，以下分析優缺點。

帕羅奇亞 Parikia

若有交通上的考量，帕羅奇亞較為便利，搭船跟搭飛機距離都較近，住宿地點離搭船港口越近越好，拖行李比較容易。

Argonauta Hotel

Argonauta Hotel 距離搭船口走路只要 3 分鐘，路況拖行李也不會太吃力，1975 年開始經營，房間內部翻新過，舒適的灰色裝飾，為客人提供極致的放鬆感！

納烏薩 Naousa

更多人會被的美景和夜生活所吸引，選擇上比較多元，分成兩大方向：

1. 面對 Naousa Port 靠近 Piperi Beach

單純的住宿區塊，上下階梯較多一點，看海房能遠眺港邊全景。

2. 聖母升天教堂到 Agioi Anargyroi Beach

這個區域有很多民宿及小型星級飯店，比較新價格也稍高，地圖上看起來走到中心都有點距離，但實際上走起來沒想像中遠。

Parian Boutique Hotel

房間一打開整個小園區配上海景，就是標準的度假風，被希臘酒店商會正式認證為精品酒店。

安提帕羅斯

Αντίπαρος/Antiparos

湯姆．漢克斯夏天也來這度假

只花 7 分鐘，就從熱鬧喧嘩商業氣息較重的帕羅斯島，來到一個相當獨特有文藝氣息感的桃花源。這裡的寧靜讓人放慢腳步，抽離觀光客喜歡的繁華花花世界，環境中散發出的悠閒感令人難以抗拒，這也是為什麼海岸線上聚集著眾多豪華別墅的原因。

該島還有一個大賣點，國際巨星希臘榮譽公民湯姆．漢克斯夫妻，每年夏天幾乎都會遠離鎂光燈來到此地的別墅。這對夫婦深受當地人的喜愛和保護，因此遊客不會輕易找到他住在哪裡。

安提帕羅斯地圖

交通資訊

- **渡輪**：從 Paros 乘渡輪到達，有兩個地方可以搭船。

1. Port of Pounda：全年行駛，船邊時間按月調整，單程時間約為 7 分鐘。全票 2 歐元，摩托車單趟 2 歐元，汽車單趟 7,30 歐元。只能用現金支付渡輪票，不接受信用卡。
2. Paroikia 主港口：夏季 6 ～ 10 月間行駛，只載客，單程時間是 30 分鐘，全票票價 7 歐元。

➡時刻表請搜尋：Antiparos ferry

島上交通

- **開車**：車子少，路況普遍良好
- **公共巴士**：巴士總站停在港口邊，若只到特定觀光景點，使用起來相當便利。請注意，車上不售票，要到附近的旅行社購買，下船碼頭會有指標。

➡巴士時刻表請搜尋：OLIAROS TOURS

一日遊島上必做的 2 件事

這裡的遊玩重點是港口核心小鎮、鐘乳石洞穴和海灘，若選擇一日來回，早一點先去逛商店，吃完中餐去洞穴，逛完有時間去海灘晃一晃，傍晚回到鎮上，好好感受放鬆悠哉氛圍後再回程。

必做 1 步行遊覽 Antiparos Town

首府 Chora

該島的心臟地帶，也是大多數酒店、餐館、酒吧和小酒館的所在地。一定要去各家店好好挖寶，每家店賣的商品都各有特色，荷包很難守住。

Castle of Antiparos

城堡由貴族洛雷達諾 (Loredano) 建造，它是一個單一的、自治的住宅區。周邊由 24 棟兩層住宅組成，外牆高達 3 公尺，這個新區被命名為塔外 (Ksopyrgo) ，庭院中央矗立著一座中央塔樓。

正面沒有陽台或大窗戶，房屋需通過內部庭院進入，只有一個南側出口，至今仍保留一座哥特式大門。

必做 2 造訪歐洲最古老的鐘乳石洞穴 (Cave of Antiparos)

擁有上千年歷史，海拔約 171 公尺，最大深度約為 85 公尺，長度為 89 公尺，最大寬度近 60 公尺，面積約 5,600 平方公尺。鐘乳石和石筍上的蝕刻和銘文證實了它的歷史意義。來自帕羅斯島的希臘抒情詩人阿基洛科斯 (Archilochus，約公元前 680 年～645 年) 有可能是第一位訪客。

幾世紀前，前部的屋頂倒塌，形成了洞穴的拱形入口。1979 年，希臘著名洞穴學家 Anna Petroheilou 測量和深入研究，並為洞穴區域命名。

$ 全票5歐元 ➡ 從港口出發開車約15分鐘

洞穴由三層組成

第 1 層　石頭瀑布廳

這座洞穴的尺寸為 17x27x10 公尺，裡頭有豐富的鐘乳石和石筍，裝飾著令人目不暇給的美麗柱子和瀑布般的壯觀景象。

第 2 層　大教堂廳

尺寸為 33x20x30 公尺，1673 年，諾因特爾侯爵 (Marquis de Nointel，法國駐奧斯曼帝國大使) 下到洞穴深處後，被大自然景象所震撼，停留三天並在聖誕節舉行了彌撒，因而得名。

第 3 層　皇家大廳

尺寸為 27x50x20 公尺，希臘國王奧托一世 (Otto I, King of Greece) 和王后曾到訪過這裡，並在那裡刻下了銘文而命名。

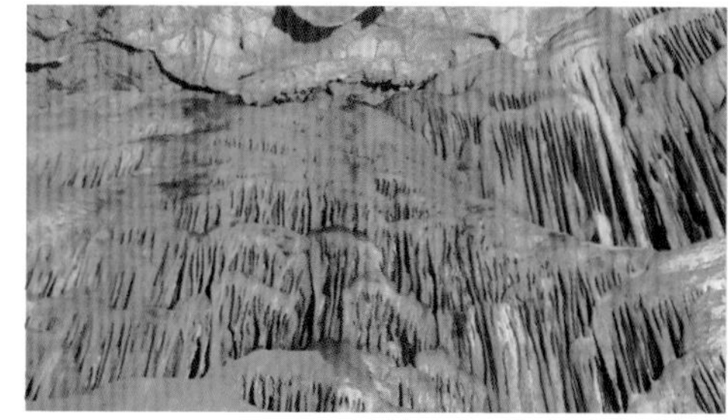

鐘乳石和石筍看起來超像催狂魔

米洛斯

Μήλος/Milos

上帝遺落人間的度假勝地

雖然是基克拉迪斯小島一員，但米洛斯真的很不一樣，有種相見恨晚的感覺。小島所到之處都令人流連忘返，每到一個景點都像開箱，超乎預期的美好！

無數個小漁村，70 多處別具一格的海灘，待上一個禮拜都不嫌多，若旅行天數夠長，或想再次造訪希臘小島，絕對要放入清單裡！

米洛斯地圖

交通資訊

- **渡輪**：雅典的西岸比雷埃夫斯港口 (Piraeus) 有船可到阿達瑪斯港 (Adamantas Port)，船程約 2.5 ～ 3.5 小時，取決於渡輪類型。
- **飛機**：從雅典 (ATH) 直飛米洛斯機場 (MLO) 約 40 分鐘。

島上交通

- **租車**：因為地方大、景點分比較散，因此建議租車。某些景點路比較小，要停外圍一點的停車場再走進去，上下坡多。
- **公共巴士**：班次和網路資訊上有可能有出入，建議抵達公車站牌後再研究時刻表。全票 2 歐元。

➡巴士時刻表請搜尋：Milos buses

- **計程車**：島上大約有 15 台計程車，會在港口招呼站排班，路上很多小廣告計程車電話。叫車約需等 20 分鐘左右。

米洛斯的小村莊❶

阿達瑪斯

Αδάμας/Adamantas

遊客旅行起點

所有渡輪停靠、巴士總站、計程車聚集的中心，所有旅客都要認識的地方，也可以稱為Admas。

該村莊由來自克里特島的難民於1835年建立，他們在反抗奧斯曼帝國的叛亂失敗後來到這裡，從那時起，龐大而安全的天然港口，使這裡成為重要的文化和商業中心。

漫步阿達瑪斯必做2件事

島上有太多精采的地方可以造訪，可以在此花上半天，沿著港灣邊走邊逛，周圍有許多咖啡館、餐館和商店。

必做1 沿著天然海港逛大街

這裡是一個轉運站，沒有特殊景點，盡情放鬆享受海風吹拂，看哪家店順眼就進去小憩片刻，為旅途充滿電力。

海岸線很長，下午時分來光線特別迷人

必做2 花半小時到海邊日光浴

島上海灘很多，超過半數以上都不好到達，不想跑遠又可以輕鬆到達，就選帕皮基努海灘(Papikinou Beach)。

5～10月，這裡提供日光躺椅和遮陽傘出租服務，當然您也可以將毯子放在樹下享受陽光(島上部分飯店有提供海灘用毛巾)。金色沙灘和清澈蔚藍的海水，可以輕鬆踏浪。

來阿達瑪斯，買什麼？

商店幾乎都集中港邊第一排，以及計程車招呼站對面的小巷子內，很多服飾配件的小店，當然也有賣一些當地農特產，像是蜂蜜或是橄欖相關用品，雖然價格不是很親民，但喜歡就千萬別猶豫。

跟著店員學穿搭

Vanilla Milos Adamas

店員就跟店名一樣的甜美，在島上有兩家店(另一家在島上 Pollonia 小漁村)，販售島上必備的飄逸洋裝、涼鞋、草帽等單品，每樣單品拆開看都超百搭，特別推薦涼鞋，是西班牙 OH! MY SANDALS，底真的有夠柔軟，因為是真皮，要買剛剛好的尺寸，會越穿越舒適。

➡從Adamantas Port出發走路3分鐘

網羅希臘各地特級農產品

MILOKIPOS

當地官方書籍也推薦的選品店，食品或身體保養品，都可以在這裡找到。希臘出產品質有保證的橄欖油，提供試飲再選出適合自己的風味，對有選擇障礙的遊客來說，節省不少時間。

➡從Adamantas Port出發走路3分鐘

店主嚴選這些品牌，再解說各品牌不同的優點

寧願瞎買也不要錯過的當地出產蜂蜜

來阿達瑪斯，吃什麼？

港邊最多的就是快餐店跟咖啡廳，畢竟來這等船的遊客很多，想吃比較氣派一點的餐廳，可以往面對碼頭往左手邊走去，通常都以當地漁民打撈的漁獲為賣點，新鮮度不在話下。

看夕陽無敵視野酒吧

Mangata Milos

這家位置真的超好，剛好在一個弧形的中間，左看小漁船、右看整排遊艇，相當壯觀。這裡可以無死角欣賞地中海夕陽、晚霞，將美景盡收眼底，坐擁在蔚藍浩瀚的大海旁，近距離聆聽浪花的訊息，真希望時間停留在這一刻！

➡從Adamantas Port出發走路7分鐘

搭配夕陽美景，品嘗美味的肉類及起司拼盤

飲料選擇很多，夕陽時刻還是調酒一起拍比較搭

當地冰淇淋、造型蛋糕王者

Aggeliki ice cream shop

吃飽後來一口甜甜的冰淇淋絕對是夏日最奢侈的享受，吃冰淇淋最怕越吃越膩或是越吃越渴，但這家完全沒問題。旅行中要慶生的話，更可以提前預訂精心製作的立體造型蛋糕，為生命中最重要的時光，留下深刻的記憶。

➡從Adamantas Port出發走路3分鐘

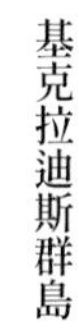

普拉卡

Πλάκα/Plaka

俯瞰市容忘憂首府

坐落在高高的山坡上，可以欣賞到整個島上最心曠神怡的美麗景緻。為了抵禦海盜而建造的村莊，街道狹窄，汽車和摩托車都無法進入，只能停在外圍的停車場，使得普拉卡非常適合旅客徒步探索。

漫步普拉卡必做 4 件事

分為舊城區 (威尼斯城堡) 和新城區，您會發現餐廳、咖啡館、商店，以及迷人的教堂。可以欣賞到米洛斯灣的壯麗景色，早上中午人潮都偏少，越接近傍晚越熱鬧，夕陽時刻無限美好，號稱島上最佳夕陽觀景點。

必做 1 一定要前往 Kastro(Venetian Castle of Milos)

城堡本身沒什麼太大特點，但上面的風景真的很厲害，可以看到普拉卡 (Plaka) ＋特里瓦薩洛斯 (Triovasalos) 兩個城鎮，一覽無餘盡收眼底。

必做 2 觀賞兩座島上人氣聖母教堂

Panagia(Virgin Mary)the Thalassitra 's church

這座教堂建於 1839 年，去城堡的路上會與他相遇。外部是純白色的，配上莊嚴優美的石頭鐘樓

Church of Panagia Korfiatissa

登高遠眺普拉卡 (Plaka) 裡最醒目的大教堂，供奉聖母瑪利亞。利用前首都古老教堂的材料建造，外觀全白也是基克拉迪斯建築風格的絕佳典範。

必做 3 參觀 The Art House 攝影師鏡頭下的 Milos

出生於雅典享譽國際的 Dimitris tsirigotis，搬到米洛斯島後在他的鏡頭下，展現出小島巷弄間和海灘超凡脫俗質感。進門後展示許多得獎作品，黑白色調下平凡居民也變成充滿故事性的主角，即便拍的是同一個島上景色，呈現出來層次細膩感就是不一樣。

必做 4 用腳步閱讀巷弄故事

方糖屋的魅力與空氣中夾帶的小悠閒，獨樹一幟的畫面，瀰漫濃厚的純樸氣息。

敲碗美食 來普拉卡，吃什麼？

鄉村風十足的首府，餐廳大多歷史悠久走傳統路線，在主入口就聞到陣陣香氣，小廣場擺上桌椅，在樹蔭的庇護下，輕鬆愉快的用餐。

盡情享用道地島上物產

Archontoula

一走進街區就聞到陣陣香氣，19 世紀就開始營業(前身是咖啡廳)，牆上擺著各式美食認證的獎牌，戶外樹蔭下座位區常常座無虛席。狹小的巷弄中，微風徐徐吹來，即便是正夏，也很舒適，推薦的菜色有燉烤島上羊肉配朝鮮薊，炸甜椒鑲起司。

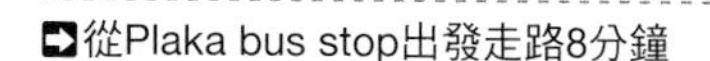
從Plaka bus stop出發走路8分鐘

特里皮蒂

Τρυπητή/Tripiti

來這裡島上探險

村莊本身安靜而古樸，大約有400位居民。狹窄的街道上，有許多令人驚嘆的海濱景觀，以及評價高的餐廳。大量白色的舊風車曾用於研磨小麥和種子，但現在已成為酒店公寓。

漫步特里皮蒂必做 4 件事

這裡有兩大具有重大歷史意義的遺址：圓形劇場與希臘愛情女神雕像，這也是吸引觀光客前來的主因。

必做 1 造訪群島中保持最完整的戲劇院 Ancient Theater of Milos

最初可能建於希臘時代(西元前3世紀)，羅馬時代(西元1～4世紀)重新建造了一座更大典型的馬蹄形形狀劇院。

德國建築師卡爾·哈勒·馮·哈勒斯坦 (Carl Haller von Hallerstein) 於 1816 年開始了首次挖掘工作，巴伐利亞路德維希一世 (Ludwig I) 購買了這座劇院，並於 1836 年訪問米洛斯時，將它捐贈給他的兒子希臘國王奧托一世。

劇院仍然保存完好，至今仍舉辦許多音樂和戲劇表演。8 排階梯座位，分成 7 個區域，可以容納 700 ～ 800 人。迷人的景色和餘音繞梁的天然音響效果，讓人敬佩古人的智慧。

必做 2 參觀羅浮宮鎮館之寶 Statue Venus of Milos 的出產地

創作於希臘時代晚期 (約公元前 120 年)，這座雕像高 2.04 公尺的女神，上身半裸，下半身裹著帷幔，雙臂至今仍下落不明。

1820 年 4 月初，希臘農民 Yorgos Kentrotas 在挖掘他的農地時，在一個埋藏壁龕中發現，放置在農場中。

法國海軍水手奧利維爾．沃蒂埃 (Olivier Vautier) 無意間發現了這座文物，並向法國駐君士坦丁堡大使里維埃爾公爵 (Ferté-sur-Cher) 報告了這項發現。當時君士坦丁堡蘇丹王的譯者也在爭取這座雕像，經協調後，公爵順利買下運回法國後獻給當時的法國國王路易十八，1821 年路易十八又將這座珍貴的雕像移交給羅浮宮，成為鎮館三寶之一。

它被認為是古希臘雕塑的重要典範，並在巴黎盧浮宮博物館的顯著位置展出，該雕像被許多藝術家和評論家稱讚為優雅女性美的縮影。

此為仿品，真品位在羅浮宮

必做 3 拜訪神祕的米洛斯地下墓穴 (Catacombs of Milos)

米洛斯地下墓穴位於特里皮蒂村附近的一個斜坡上，距離古劇院不遠。是擁有 1,500 年歷史的地下墓地，據估計埋葬了 2,000 多名以上的基督徒。

除了作為墓地外，它也是禮拜場所，同時也是公元 1 ～ 5 世紀期間第一批基督徒，在羅馬人迫害時期避難的地方。

$ 全票4歐元

往下走150階梯就到墓穴的入口

必做 4 俯瞰迷人的愛琴海和壯麗的日落

海景第一排的餐廳幾乎都在傍晚才開始營業，就知道這裡最吸引人的，莫過於一邊用餐一邊看著夕陽墜入愛琴海。

米洛斯島必造訪祕境

島上有好多風景如畫的小漁村，保留了其傳統的建築外觀，展示了島上悠久的歷史和地理。另外不可錯過島上最著名的月球海灘，奇特的地形讓人永生難忘。

菲羅波塔莫斯

Φυροπόταμος/Firopotamos

位在島北側的一個小漁村，距離首府普拉卡約 4 公里，海灘周圍有小房子，是漁民多年前在岩石中鑿出的小空間，也是冬季儲存船隻的地方，保護它們免受風浪的侵襲。

曾經是普拉卡居民的避暑勝地，搭配清澈碧綠的海水，呈現令人驚歎的藍色！ IG 上打上米洛斯搜尋出來絕大多數都是這裡的網美照。

有些房屋已改建成民宿，一晚要價不斐

克利馬

Κλήμα/Klima

最著名的傳統漁村，因有兩層 Syrmatas(傳統漁民小屋) 而聞名。火山岩中挖掘出居住地，底層主要用於存放漁船，上層用作居住空間，並裝飾著色彩繽紛、獨特的門。據說房屋的顏色與漁夫的船顏色相匹配，畫船時留下的油漆也被用來粉刷房子。這裡非常適合拍照，並為米洛斯島帶來了其他希臘島嶼上找不到的魅力。

薩拉基尼科海灘

Παραλία Σαρακήνικο/Sarakiniko Beach

夢想中月球的場景，大片的亮白色火山岩石，從遠古時期開始便不斷侵蝕，因而留下了歲月痕迹，凹凸不平的岩石造就宛若月球表面的錯覺，在周圍藍綠色海水的襯托下更是顯得格外美麗。

貼心提醒

薩拉基尼科海灘注意事項

1. 夏季時人潮多，停車有可能要停較遠再走過來。
2. 只有入口處有小餐車，記得要自己準備水和餐點。垃圾請自行帶走。
3. 沙灘沒有洗手間。
4. 記得帶上沙灘用毛巾，好享受日光浴。
5. 建議安排 2 小時在此好好探索。

多彩岩層，被認為是由火山噴發後傾倒並凍結的熔岩形成的

來史上最酷的沙灘，藍白搭配拍起來最像時尚宣傳照

米洛斯的小村莊❺

波羅尼亞

Πολλώνια/Pollonia

體驗慢島生活

最北邊沿海城鎮之一，從島上的港口阿達瑪斯向東北行駛 10 公里即可到達。

想像一個沿海村莊，地形看起來就像張開的大嘴巴，左右兩側被大量白色方糖公寓所包圍，走出去後一片廣闊平坦形似新月般彎曲的沙灘，幾艘漁船停泊在岸邊，少不了小商店和小酒館，從頭走到尾大約 20 分鐘，這個地方有種溫柔小姐姐的感覺，充滿放鬆感的閒適氛圍。

來波羅尼亞，吃什麼？

公車站旁邊有 3～4 家當地人推薦海鮮餐廳，Google 評分也都是 4.5 分以上的高水準。海邊座位區都不大，若在意景色，要不就是早點去，避開熱門時段，要不就是提前預約，有沒有景色還是有差一點。

現代精緻開胃海鮮料理

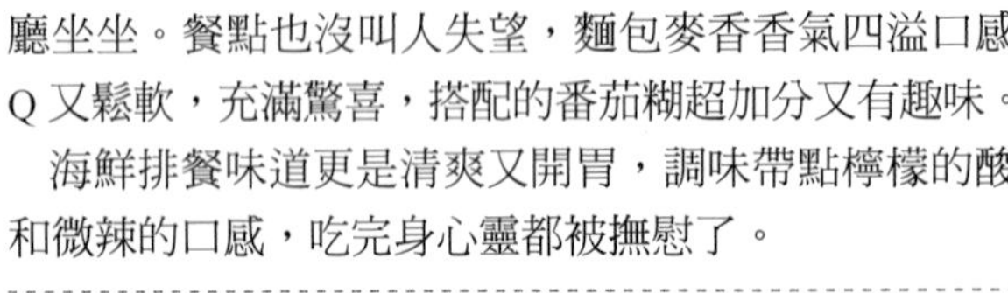

Marrone De Milos Restaurant

簡潔的外觀，穿著體面的招待，邀請路過的人來餐廳坐坐。餐點也沒叫人失望，麵包麥香香氣四溢口感 Q 又鬆軟，充滿驚喜，搭配的番茄糊超加分又有趣味。

海鮮排餐味道更是清爽又開胃，調味帶點檸檬的酸和微辣的口感，吃完身心靈都被撫慰了。

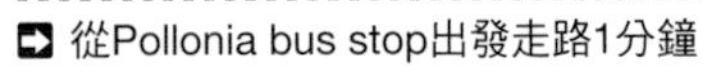

➡ 從Pollonia bus stop出發走路1分鐘

墨魚炸小花枝飯

鄰近小祕境

帕帕弗拉加斯 (Papafragas Caves)

壯麗的景色大部分要歸功於陡峭的懸崖，形成了3個天然封閉海灘與外界隔絕。這個海灣擁有一片小沙灘、洞穴、蔚藍的海水和地質奇觀共存。請注意，這裡路面崎嶇不平，要小心走路。

➡從Pollonia出發約5分鐘可到達。公共巴士：在巴士站Pachaina下車即可到達

來米洛斯島，今晚住哪兒？

島上有很多熱門住宿熱點，想要來點不一樣的就到克利馬 (Klima) 或菲羅波塔莫斯 (Firopotamos)，體驗由早期漁民的小屋改建而成的民宿。若沒有車，選阿達瑪斯 (Adamatas) 最方便，公車總站和搭船和出海遊艇都在這。

波羅尼亞 (Pollonia) 小漁村，一回到這區塊就有種完全放鬆感，高檔奢華住宿飯店很多集中在濱海區。以下私心推薦 Pollonia 兩家住宿。

Unique Milos Suites

一戶一間直通海邊的套房，躺在住客專用沙灘休憩區，超享受。

Milia Gi

完美的住宿地點，離海灘很近但又不喧鬧，兩層樓的方糖屋，空間超大。

BOAT TRIP
遊玩米洛斯重頭戲

沒有乘船環島遊覽你就白來啦！要發現這座擁有千變萬化的色彩和迷人海灘的島嶼之美，沒有比跳上船探索獨特的海岸線更好的方式了。

可以利用 Get Your Guide 比較行程和船型後再決定，大約分成 3 種類型。

http www.getyourguide.com。

1. 雙體船 (Catamare)：最推薦，每個人都可以找到自己的小天地，風大時有室內可以避。
2. 帆船 (Sailing Boat)：較小，費用較便宜一點，會比較晃，舒適度低一些。
3. 私人包船：完全客製化行程，費用當然也相當高。

米洛斯島狂野之美 7 大亮點

亮點 1 在海裡游泳

一趟行程大約會停留 2 ～ 4 個安全游泳區域，船上備有飄浮棒，要有勇氣跳下去冰涼的海水，沒有的話看旅伴跳也開心。

亮點 2 壯麗火山岩層

米洛斯島起源於火山爆發、海嘯和地震的共同作用，島上一些最獨特的火山岩就是來自這個過程。

火山岩的名字平常只會出現在地理課本上，沒想到真能近距離觀看，震撼度破表

亮點 3 Sykia 海蝕洞

小洞進去後會有一個天然塌陷的圓頂，讓陽光照亮洞穴的內部，並創造出美麗的色彩。若搭乘大型遊艇，只能游泳進去。

亮點 4 海盜的藏身地 Kleftiko

不少宣傳影片的開頭都是這裡，經過數千年強風和海浪的侵蝕，因此形成特殊奇景。曾經是海盜的巢穴，用於隱藏並攻擊敵方船隻，而洞穴則被用作庇護所，以保護他們免受惡劣天氣的影響。

亮點 5 無數奇特海灘

很多都只能靠小船抵達，其中相當特別的齊格拉多 (Tsigrado) 坐落在懸崖之間，利用攀爬繩上下是冒險者的最愛。

沿途很多沙灘地形都很特殊

亮點 6 藍到誇張的 Blue Bay

選擇全覽之旅，會到愛琴海最大的無人居住島嶼波利戈斯島 (Poliegos)。想說看過這麼多海，不就那樣？親眼一見相當震撼，完全沒修圖就非常的藍，令人非常驚豔。

亮點 7 船上食物不輸餐廳

一上船，工作人員便開始準備希臘道地開胃小點，午餐料理從醃製到燒烤一手包辦，味道媲美一般餐廳。

最後的優格搭配醃製甜橘，超乎預期的美味

錫羅斯
Σύρος/Syros

愛琴海中的優雅女王

回想一下搜尋希臘島嶼時，是不是有很多白色與藍色的陳詞濫調？這個島跳脫了藍白框架，它是南愛琴海地區的首府，當渡輪駛入港口時，昏黃柔和色調的建築群，到此一訪會深深愛上，動起了想移民的念頭。

錫羅斯島擁有豐富的歷史和文化，以及美觀的市容、優雅的生活，讓居民們感到自豪，是一個適合全年遊玩、居住的島嶼。

錫羅斯地圖

交通資訊

- **渡輪**：雅典的西岸比雷埃夫斯港口 (Piraeus) 有船可到錫羅斯港 (Syros Port)，船程約 2 ～ 4 小時，取決於渡輪類型。
- **飛機**：從雅典 (ATH) 直飛錫羅斯機場 (JSY) 約 35 分鐘。

島上交通

- **租車**：主要活動地點幾乎都是步行為主，不租車也很方便遊玩。
- **公共巴士**：巴士路線很單純，觀光客常利用的路線是從市中心出發，開到到西邊沿海城市後繞回市區，上車跟司機說目的地後購票。

➡巴士時刻表請搜尋：Syros buses

- **計程車**：因不是觀光客需求為主的小島，部分司機不太會說英語，先用 Google Map 查好要去的地方，再給司機看希臘文的地址會比較保險。

埃爾莫波利

Ερμούπολη/Ermoupoli

蓬勃優閒的商政城市

以商人和信使之神赫耳墨斯的名字命名，在新居民的努力下，錫羅斯蓬勃發展，到19世紀中葉成為商業、工業和航運中心，在重要性和人口方面僅次於雅典。隨著其財富的增長，藝術和文化也蓬勃發展。

漫步埃爾莫波利必做 8 件事

城市風格與典型的基克拉迪斯群島幾乎沒有什麼相似之處，這是一個繁忙的商業和市政交流城市，但又擁有悠閒的氛圍，較建議上午在這漫步，順光拍起來比較美。

必做 1 造訪氣派宏偉 Town Hall of Ermoupolis

島上最宏偉的建築，由德國建築師恩斯特・齊勒 (Ernst Ziller) 在 1876 ～ 1889 年間設計，是一種融合了愛奧尼亞柱式 (Ionic Order) 和托斯卡納柱式 (Tuscan order) 元素的建築風格。它有不同的高度 (面向廣場的 3 層樓和後面的 2 層樓)，並有一個 15 公尺的紀念樓梯通向大門。

可免費入內參觀，欣賞門廳、內部庭院以及一些繪畫和雕塑。

必做 2 參觀活動的主場地 Miaouli Square

該廣場以革命英雄安德烈亞斯・米奧利斯 (Andreas Miaoulis) 的名字命名，在希臘獨立戰爭 (1821 ～ 1829 年) 期間指揮希臘海軍。地面舖有來自鄰近蒂諾斯島 (Tinos) 的大理石，主要活動都在此舉辦，例如東正教復活節。

必做 3 參觀展現文化繁榮劇院 Apollon Theater

由義大利建築師彼得羅・桑波 (Pietro Sampo) 於 1860 年代建造的，部分仿照米蘭斯卡拉歌劇院 (Scala di Milano) 設計，有 4 層包廂和精美的天花板壁畫，為主廳增添了華麗感。沒有演出時部分時段開放入內參觀單張 2 歐元。

必做 4 造訪豪宅集中地 瓦波里亞 (Vaporia)

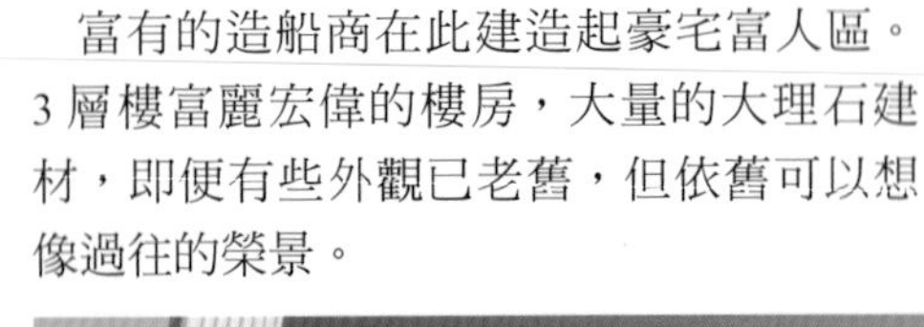

富有的造船商在此建造起豪宅富人區。3 層樓富麗宏偉的樓房，大量的大理石建材，即便有些外觀已老舊，但依舊可以想像過往的榮景。

必做 5 富人教堂 Church of Agios Nikolaos

19 世紀中葉，由旅居海外的船主和商人捐贈，霸氣的外觀在許多照片中都占據了主角的位置。教堂內壁畫和聖像均出自該地區最優秀的聖徒傳記之手，複雜的講壇和聖像的細節令人驚嘆不已。

教堂內部手繪

最經典的明信片風景，下午背光建議早上去拍，最佳位置：Ciel Syros酒吧附近

必做 6 Me Time 時光就到 Vaporia Beach

與其說它是海灘，不如說它是一個混凝土游泳平台，帶上海灘用毛巾，沒有喧鬧的音樂，靜靜的凝聽海浪拍打岩石的聲音。

必做 7 欣賞當地住宅獨特美感

要欣賞當地的建築，可以上到 Church of the Resurrection of Christ(走路大約 15 分鐘，或可搭公車)，俯瞰愛琴海和沿著坡面展開的市中心。這座教堂建於 1870 年，由建築師迪米特里斯．埃萊夫瑟里亞迪斯 (Dimitris Eleftheriadis) 設計。

住家大門和窗就像天生一對，隨手一拍都是美照

必做 8 拜訪毛小孩友善環境

英國夫婦瓊．鮑威爾 (Joan Bowell) 和理查德．鮑威爾 (Richard Bowell) 英勇地營救和照顧島上的所有無家可歸的貓，他們創建了一個貓庇護所，並給予他們食物和醫療上的協助。

商店街外頭島上特有的Dog Parking

阿諾錫羅斯

Άνω Σύρος/Ano Syros

沉浸當地人生活圈

外部建築形成一道防禦，使村莊能夠免受海盜襲擊，迷宮般的小巷也提供了大量的藏身之處，至今仍然相當完整的定居點。

遊玩阿諾錫羅斯必做 4 件事

雖然走路也會到，但小山坡都是階梯，不想向上爬，先坐計程車到入口，再延著狹窄蜿蜒的街道往下一層一層挖掘這塊寶石，各處都找能到讓人回味無窮的小角落。

必做 1 造訪村莊中心和最高點 Catholic Cathedral of Saint George

它的歷史可以追溯到 1,200 年左右，是羅馬天主教錫羅斯和米洛斯教區的大教堂。經歷了多次改建和重建，於 1834 年形成現在的樣子。旁邊的鐘樓曾被閃電雷擊破壞，在 2012 ～ 2015 年間修復。

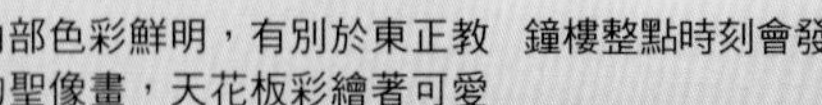

內部色彩鮮明，有別於東正教的聖像畫，天花板彩繪著可愛小天使

鐘樓整點時刻會發出清脆聲響

必做 2 欣賞希臘最受歡迎的 Rebetiko 音樂家

Rebetiko 是當地傳統音樂，充滿活力，並帶有強烈的象徵、理念與藝術性。馬科斯・瓦姆瓦卡里斯 (Markos Vamvakaris) 是一位 Rebetiko 民謠歌手，用歌詞表達了對出生地的熱情，並向許多希臘人介紹了這座島嶼的魅力。

$全票2歐元

必做 3 一覽無遺世界級百萬美景

Piatsa 的咖啡廳跟酒吧是每位遊客不能錯過的地方，地理位置優勢，每間都擁有絕佳的視野，可以 180 度全覽整個 Ermoupoli 的壯麗景色！小商店跟紀念品店都集中在這條路上。

最熱鬧的一條街是Don Stefanou Ioanni

必做 4 街頭巷尾拍經典照

這裡的街頭由於人潮不多，不用閃來閃去，可以慢慢找角度，拍出經典美照。

來錫羅斯，吃什麼？

大部分的餐廳都是全年無休，海景第一排永遠都受歡迎；巷弄餐廳集中在 Kiparissou Stefanou & Emmanouil Roidi 兩條街附近，走庭院溫馨鄉村風，配色明亮，當地人許多家庭或是朋友聚餐都選在這裡。

偷偷說，各家餐廳的炸薯條都是人氣必點，馬鈴薯又香又濃，當地人都是點一盆當下酒菜。

去過一次就愛上

Ιθάκη του Αή

即便你是第一次來的客人，店員也視你為熟客一樣招呼，可以輕鬆又愉快享受在這的用餐時光。店員推薦炸章魚腳配上橄欖油醋，相當開胃；烤羊排肉質軟嫩，配上香氣逼人的炸薯條，給滿分 ，最後招待的香草冰淇淋加巧克力脆餅，誠意十足，是最完美的 Ending。

➡從市政廳出發走路2分鐘

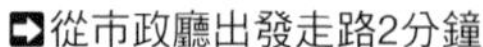

心中最愛咖啡廳

Epta - Syros Island

太喜歡這家店的一切，內部裝潢有點廢墟的感覺，絕不可放過任何一個環境細節，各種不同型式的質感餐桌椅，豐富了用餐空間。咖啡豆選用希臘知名的 AREA 51，不酸也不苦特別順口，打造一個不只顧客喜歡，員工上班也歡樂的好地方。

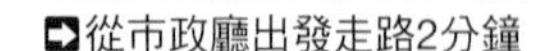

➡從市政廳出發走路2分鐘

來錫羅斯島，今晚住哪兒？

住宿推薦

埃爾莫波利斯畢竟有需多商業以及市政的往來，因此擁有眾多高端和精品住宿選擇。富人區巷弄內有許多五星級飯店，座落在美麗的新古典主義建築內。經濟型客房和單間公寓不少都在逛街區域，因為附有小陽台令人有種住在當地的錯覺。海灘村莊不是華麗誇張的風格，簡單舒適的度假風，價格也算實惠。

SOUL SYROS LUXURY SUITES

就在最熱鬧的市政廳廣場旁，從走進門的第一刻就感到心動。彷彿來到 19 世紀正宗貴族住宅，小小的接待區明淨敞亮典雅不凡，房間內柔和溫暖的顏色帶來舒適和私密空間感，讓人想賴在這都不要出門。

下面是商店，上面就是附有小陽台的住家，非常融入當地生活感

Beautiful 2 level apartment

Airbnb 在此也是蓬勃發展，當旅行一段時間大概就需要清洗衣服，找有附洗衣機的住宿相對方便許多，現代風的裝潢，設備一應具全，下面是人來人往的熱鬧街道，到了夜晚門窗關起來，也相當寧靜。

Κρήτη/Crete

克里特島

宙斯的誕生地和歐洲文明的搖籃

克里特不但是愛琴海上最大的島嶼，也是地中海中僅次於西西里島、撒丁島、賽普勒斯和科西嘉島的第五大島嶼。《荷馬史詩》中描述這裡有著極高的文明發展，巨大的克諾索斯宮殿，四通八達的道路和貿易興盛的港口，為城市帶來巨額財富。

克里特島至今仍充滿傳說，尤其神祕的線性文字 A，作為一種古老的書面語言，至今仍然無法解讀，使得克里特島蒙上一層傳奇神祕面紗。

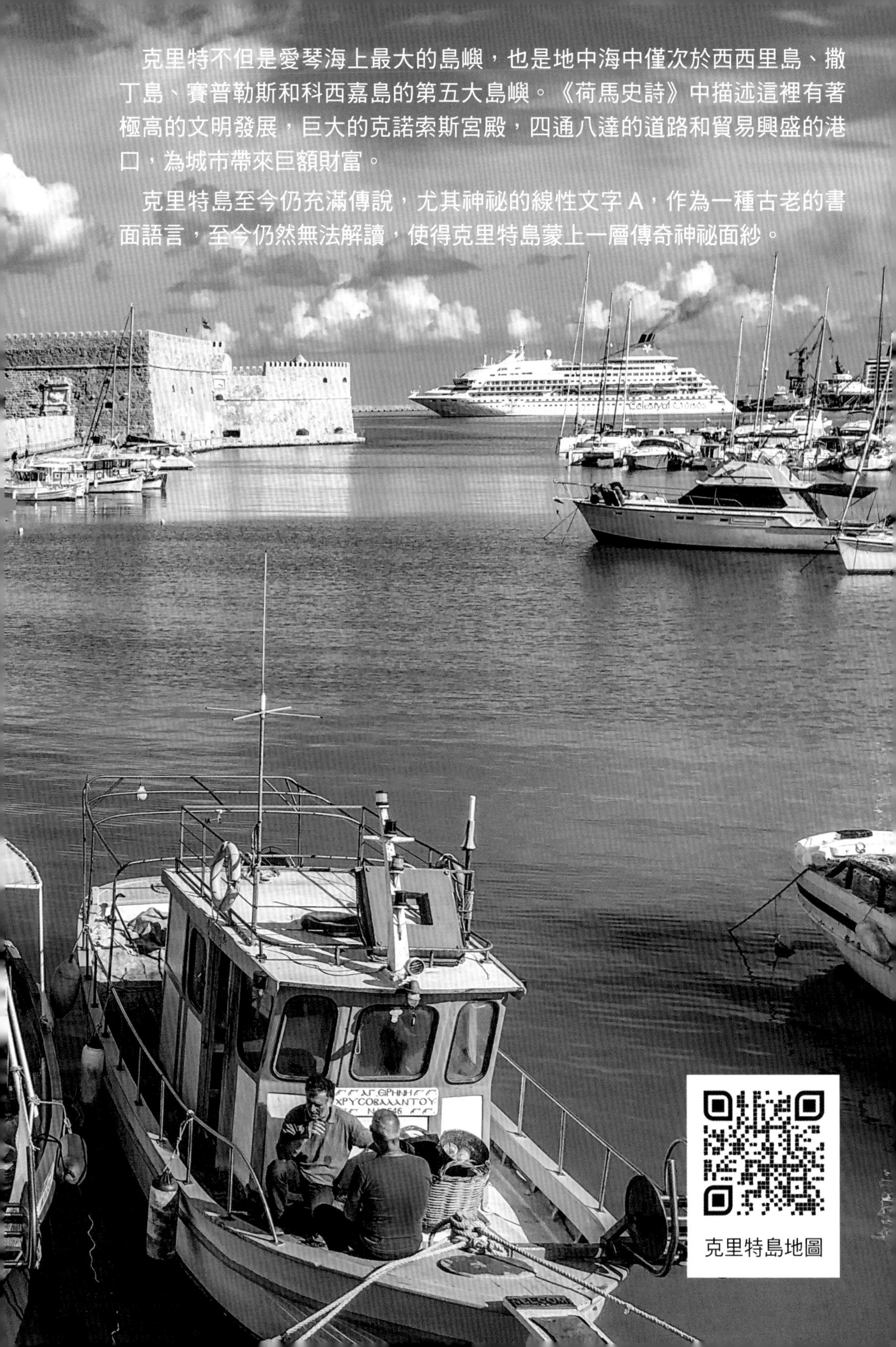

克里特島地圖

伊拉克利翁

Ηράκλειο/Heraklion

迷宮傳說 西方文明起源地

希臘第五大城，同時也是首府所在，是地中海地區最富活力的城市之一。市中心就像雅典普拉卡 (Plaka) 的小型縮影，古蹟建築和市井小民生活實境並存，是一座每年吸引 300 萬觀光客造訪的魅力城市。

交通資訊

- **渡輪**：雅典比雷埃夫斯港口 (Piraeus) 有直達船可到伊拉克利翁港口 (Heraklion)，船程約 8 ～ 10 小時。聖島出發船程約 2 小時。羅德島 (Rhodes) 出發船程約 11 小時，取決於渡輪類型。
- **飛機**：從雅典 (ATH) 直飛伊拉克利翁機場 (HER) 約 1 小時，從羅德島 (RHO) 直飛伊拉克利翁機場 (HER) 約 1 小時。

島上交通

- **開車**：市中心內有許多人行徒步區，狹窄巷弄多，上下坡也不少，但路邊停車位有很多，不算難找。
- **公共巴士**：請事先在巴士售票亭買好票，若是上車才購買票價會比較貴。

➡ 市區巴士巴士時刻表請搜尋：Herakleion City Bus
巴士時刻表請搜尋：Ktel Heraklion
長途巴士總站位置：
Central Bus Station Heraklion - Lassithi Bus

- **隨上隨下巴士**：觀光客最推薦使用隨上隨下巴士，共有兩家公司經營，詳情請上網查詢。
  1. Hop on hop off bus：經營紅線和藍線
     巴士時刻表請搜尋：
     http www.hop-on-hop-off-bus-tours.com
  2. Heraklion Open Tour：經營黃線
     http heraklionopentour.com
- **計程車**：價格有公定價，若需要一早出發搭船班或班機，可請飯店櫃檯提前打電話預約。

漫步在伊拉克利翁路線

身為旅人，你應該會很想知道當地人生活寫照，感受異國文化差異，但又不想脫離熱鬧觀光區，這裡便是旅客最好的觀察站。伊拉克利翁主要街道多為行人徒步區，可以花一天的時間在城區中散步，到市場看看尋常人家的生活。

庫萊斯堡 (Koules/Rocca a Mare)

威尼斯人征服克里特島後，13 世紀開始建造了著名的海上堡壘，提高港口的安全，並將它命名為 Rocca a Mare。

火藥和大砲的發明之後，威尼斯人意識到港口防禦還是不夠，1523 年拆除舊塔防建新堡壘，要塞於 1540 年完成，保存至今。奧斯曼帝國於 1669 年占領了堡壘，改名為 Su Kulesi(水上堡壘之意)，最終它被稱為 Koules。

堡壘有 3 個入口，由兩層組成，外牆厚度達 8.70 公尺，一樓有 18 門大砲，二樓有 25 門大砲，占地約 3,600 平方公尺。底層包含食品存放區和彈藥庫；上層則有磨坊、駐紮軍官住宿等，即便堡壘在被圍困的狀態下，仍得以自給。

$ 全票夏季4歐元；冬季2歐元 ➡ 沿著威尼斯港灣走，堡壘就在港灣堤防的起點

8 月 25 日街 (25th of August Street)

禁止車輛通行的 8 月 25 日街就在威尼斯港口對面，一直延伸到獅子廣場。街道名來自於 1898 年 8 月 25 日，在聖蒂托斯 (St. Titus) 節的悲劇事件。

華麗的新古典主義建築，看得出來這條街往日的輝煌時代，如今都變成觀光客選購伴手禮的商店，以及戶外咖啡廳。

利奥皮拉基大廈 (Μέγαρον Λιοπυράκη)

大道上第一座浪漫新古典主義的典範，當時是富商 Liopyrakis 家族的豪宅，由建築師迪米特里斯．基里亞庫 (Dimitris Kyriakou) 設計，為街道帶來了新歐洲風格。

聖提多斯教堂 (Agios Titos Church)

聖人 Saint Titus 在羅馬統治期間在此宣講福音，為紀念他讓基督教在島上的發展奠下基礎，以他的名字為教堂命名，它也是該鎮最重要的教堂之一。

市政廳 (City Hall)、威尼斯涼亭 (Venetian Loggia)

這是一棟矩形的建築物，於 1626 ～ 1628 年建造。涼亭是權貴間正式聚會場所，他們討論有關經濟、商業和政治問題的各種話題，同時也被用作人們消磨時光的地方。

歷經戰爭和地震後，涼亭面臨崩塌的危險。第二次世界大戰結束後，展開修復工程，並成為市政廳。它被認為是克里特島上最優雅的威尼斯建築，1987 年，它獲得了 Europa Nostra 獎，成為希臘最佳翻新古蹟。

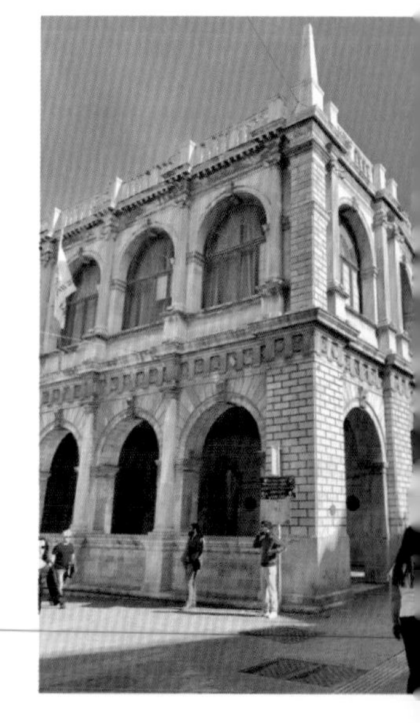

獅子廣場 (Lion Square)

威尼斯總督弗朗切斯科・莫羅西尼 (Francesco Morozini) 統治期間，為了解決當地居民水源不足的問題，從 15 公里外引水搭建地下水道，並在市中心建造噴泉提供居民取水，歷時 14 個月完成，可讓 40 個人同時取水，每天可提供 1,000 桶水。

噴泉的水箱呈八邊形，裝飾著包括希臘神話場景中的浮雕，以及威尼斯人總督、公爵和莫羅西尼的徽章，在頂層豎立著波塞冬巨大的三叉戟雕像，不幸的是在土耳其統治期間被摧毀。水箱上方有 4 隻獅子，象徵威尼斯的權勢。

1866 街中央市場 (Central market/1866 Street)

以 1866 年的克里特島起義推翻土耳其命名。狹窄的巷弄中，販售新鮮生鮮蔬果、漁夫捕獲的新鮮魚貨，以及當地人餐桌上必備的各種乳酪、調味香料，還有感冒時喝的山茶。來此可以走進當地人的生活，適合喜歡逛當地市集的遊客。

窺看歐洲文明的生活面貌

不管您是不是歷史的愛好者，來到歐洲文明的發源地，花點時間深入瞭解古希臘人的生活，探究與我們現代的相似之處。比起現在科技發達生活的便利，古人如何用智慧來生活，了解之後覺得更加有趣。

伊拉克利翁考古學博物館 (Heraklion Archaeological Museum)

收藏克里特島史前和歷史各個時期的代表性出土文物，涵蓋新石器時代到羅馬時代，共橫跨超過 5,500 年間。由建築師 Patroklos Karantinos 設計，建於 1935 ～ 1958 年之間。

$4月～10月全票12歐元，11月～3月全票6歐元，或可購買特價套票全票夏季20歐元；冬季12歐元，票券效期為3日(官方預告2025會調整票價) ➡從獅子廣場出發走路5分鐘

● 館內必看 8 大重點

0 樓觀看重點

歐洲大陸第一個城市，克諾索斯迷宮宮殿內的出土文物，以主題單元展示生活習俗有關的物件。

斐斯托斯圓盤 (Phaistos Disc)

圓盤的平均直徑為 15 公分，上面仍有至今未能辨識的古文字，兩面分布著 45 種不同符號，呈螺旋狀並成組排列，共有 241 個印記，推估是當作印章使用。

石牛頭的犀牛 (Stone bull's head rhyton)

用來飲酒或斟儀式祭酒的容器，頭是用一塊黑色的滑石雕刻而成的，高 26 公分，兩隻牛角可能是以木頭打造再鑲金上去，口鼻用白色貝殼繪出形狀，眼睛則使用水晶和碧玉，鬃毛以浮雕顯示。

彩陶蛇女神 (The snake goddess)

高 29.5 公分的蛇女神是米諾斯微型雕塑的精美實例，雙手都握著蛇，象徵著對冥界地神的膜拜。她穿著精緻的米諾安服裝，帶有袖子的緊身背心，露出豐滿的胸部，象徵著女性的生育能力。

金蜜蜂墜飾 (Bee pendant)

只有 4.6 公分大的珠寶，兩隻蜜蜂面對彼此將一滴滴的蜂蜜儲存起來，身體和翅膀有如細小顆粒，鏤空球體和懸掛環則架在頭頂。

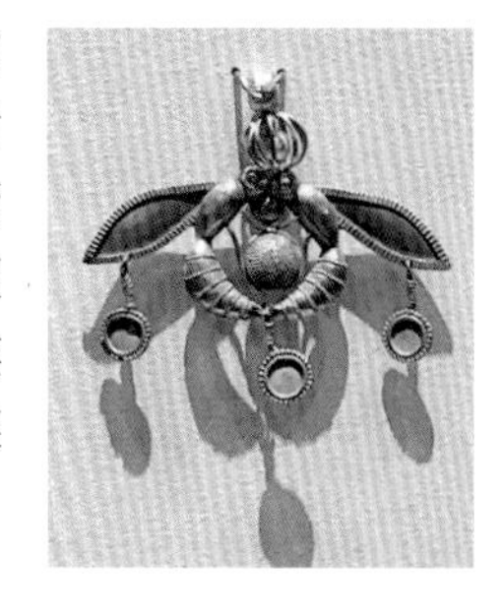

阿希亞．特里亞達石棺 (The Hagia Triada sarcophagus)

137 公分的長方形石棺上，可以見到女性的遊行隊伍、公牛的獻祭，以及男子在神殿前的祭壇上供奉祭物，華麗精細的做工顯示此石棺很可能屬於當地統治者。

1 樓觀看重點

克諾索斯皇宮壁畫真跡是米諾斯藝術的最重要形式之一，讓後代可以了解史前時期克里特島上寶貴的生活寫照。

百合王子 (The prince of the lilies)

據說，百合王子是克諾索斯的神父，是宗教和世俗權威的化身，穿著色彩鮮豔的短裙和腰帶，頭上戴著擺滿孔雀羽毛皇冠，帶著百合花項鍊。

藍色夫人 (The ladies in blue)

壁畫傳遞著皇室的富裕感和繁榮感，同時反映出女士們的風騷，她們展示豐富的珠寶。

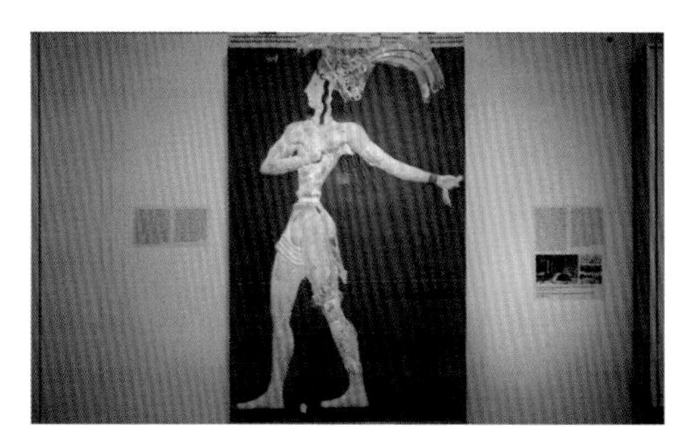

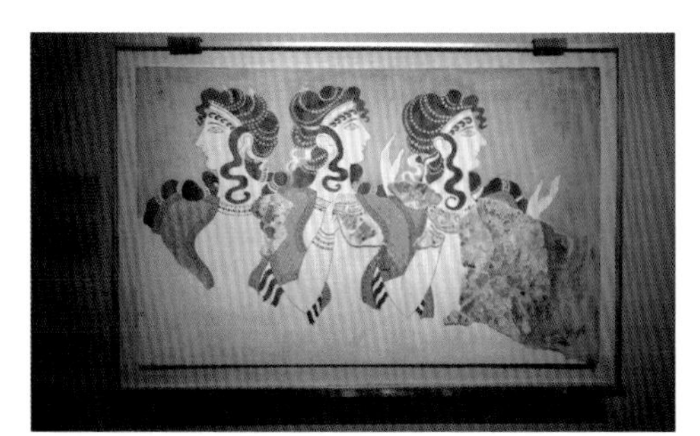

鑄幣 (Foreign coins-Finds in Crete)

在克里特島上挖掘出來自 84 個城邦的錢幣，見證當時海上貿易頻繁。

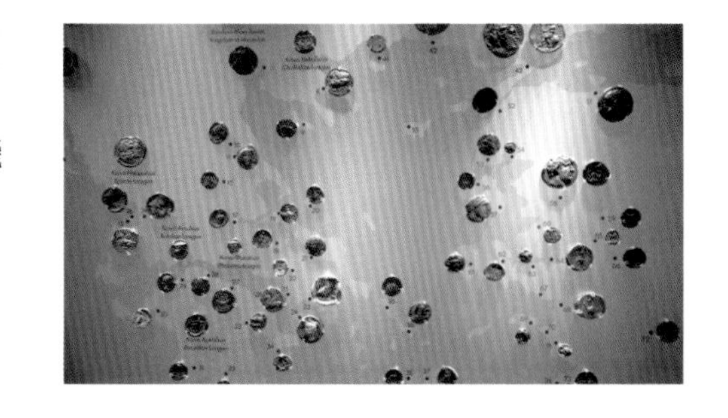

克諾索斯皇宮 (Minoan Palace of Knossos)

推估因為青銅時代天然資源的開發，例如石油、葡萄酒和羊毛，最重要的一個因素是海上貿易的擴大，因此成就了當時的繁榮。皇宮超龐大，約有 1,200 個房間，形成極為複雜的迷宮宮殿建築群。

曾經繁華一時的克諾索斯皇宮，現在只剩一些殘垣斷壁供人們欣賞，雖然破敗不堪，仍展現米諾斯曾經是整個歐洲文明的政治和文化中心。

從宮殿和藝術品中，仍能夠感受繁榮文晝是真實存在過的，皇宮遺址中的房屋和院落之間曲折多變，多層石階使樓上樓下變得高低暢通、錯落有致，建築廊道迂迴、宮室交替，進入之後很難找到出口，讓人相信神話中的迷宮真實存在。

$ 夏季全票15歐元，6~25歲&65歲以上優惠票8歐元(官方預告2025年會調整票價) ➡ Heraklion Bus Station A搭02號公車；從市區開車到皇宮約15分鐘

伊拉克利翁考古學博物館內的木製還原模型

● 皇宮觀看 4 大重點

起點的兩座雕像

一入場兩座現代化雕像，分別是發現者以及考古學家，請看下圖。

首次發掘是由英國考古學家亞瑟．埃文斯(Arthur Evans)，歷經數十年完成

1878年，希臘文物古籍和商人(Minos Kalokairinos)重新發現了皇宮遺址

新宮與舊宮差異

第一座宮殿建於米諾安中期時期，進一部分為兩個階段，舊宮和新宮，前者的居住時間大約在西元前 2000 ～ 1750 年，而後者則在大約西元前 1750 ～ 1500 年之間。

宮殿的中心是一個矩形庭院，四周是獨立的結構。儘管舊宮殿的特點是龐大厚實的牆壁，但由於建築方面的創新，新宮殿的結構更為輕巧。新的宮殿大量使用了柱廊，並建造了階梯以連接大樓中不同建築物。

這座宮殿有 4 個入口，每個方向都有一個入口，並且在該建築群的北部有一條皇家道路。除了皇家住所外，宮殿建築群還包含聖殿，接待室和儲藏以及排水設施等結構。

米諾斯柱結構與希臘柱差異

米諾斯柱是由地中海常見的柏樹樹幹建造而成的，米諾斯柱的底部較小，頂部較寬；相反地，希臘柱的頂部較小，底部較寬。

翻新王座室

這裡保存了愛琴海地區最古老的石製寶座，考古學家推測這是祭司的位子，而不是當權者的王位。牆上壁畫是兩個格里芬(Griffin)之一或稱為獅鷲獸，它擁有獅子的身體及鷹的頭、喙和翅膀。獅子和鷹分別稱雄於陸地和天空，被視為強大、尊貴的象徵。

其他觀看要點

眾多重建後的壁畫，真跡放在伊拉克利翁考古學博物館

重建後北入口的堡壘，上面是牛壁畫

來伊拉克利翁，吃什麼？

城市兩大重心分別為獅子廣場 (周圍餐廳評分都相當高) 和中央市場，這裡有許多戶外餐廳、速戰速決街頭小吃。另外，內行的饕客會循著香味和人潮到 Kagiampi & Gramvousis 街，夜晚整條街每家餐廳都座無虛席，比廣場還要熱鬧。

魚販直營平價海鮮

Vranas

開在魚市場街上的希臘小酒館 (Taverna)，點好菜後，會從旁邊的魚市場攤位上挑選新鮮魚貨直送廚房，避免使用複雜的醬料，簡單油炸或是燒烤加點橄欖油、香料，就能提升食物本身的鮮味。坐在家庭經營的傳統小酒館，聽著傳統樂曲，就像坐在自家後院露天用餐，如此輕鬆自在最對味。

週一＆六12:00～22:00，週二～五 12:00～24:00 從獅子廣場出發走路7分鐘

旅館員工的口袋名單

Antipodas

在飯店員工的推薦下，找到這家巷弄中的餐廳，餐廳內部裝飾剛好不會太刻意，許多客人都是家庭聚餐，樹蔭下坐得滿滿的。菜色和口味都相當道地，價格實惠，大家都在等待著上菜這一刻。

從獅子廣場出發走路3分鐘

起司炸節瓜熱熱上桌，裡面的起司半融化狀態

大蝦義大利麵分量十足

越晚排隊人潮越長
Kalamaki Meat Bar

整條街上人潮聚集最多的一家店，排隊人潮完全沒有停過。爐火上不斷翻烤著肉串，工作人員的手沒閒過，烤得焦香焦香後，快速打包給客人，一拿到後一口咬下，肉汁滿溢。

➡從獅子廣場出發走路1分鐘

書卷味滿分
Speira

本身是一間書店，希望書蟲能配著咖啡香沉浸在書香中。特別開在離鬧區有點距離的小街口，整體氣氛很棒。整個空間堆疊著滿滿的外文書籍，配上精選音樂，對遊客來說能夠讓旅程緩下腳步。

➡從獅子廣場出發走路4分鐘

深受當地人歡迎
Mosaiko

外觀搶眼，令人好奇究竟是什麼樣的一家店？這裡從早到晚高朋滿座，咖啡絕對是一流的，也很推薦蛋糕和輕食。到了夜晚更是越晚越熱鬧，很適合和三五好友相約在這，八卦一下，或是抱怨一下今天的煩心事。

➡從獅子廣場出發走路4分鐘

晚上搖身一變，是大家微醺放鬆一天上班壓力的好去處

住宿推薦

來伊拉克利翁，今晚住哪兒？

伊拉克利翁住宿選擇沒有很複雜，首要就是選擇市中心，因為市中心商店集中，而且就算是一大早的班機或船班，從市區出發距離也不會太遠。

若有點預算，港邊有不少五星高級飯店，景觀絕對是一流的。巷弄中也有不少改建的 Airbnb，都相當有風格，住宿價格也不致於太高。

Domus Ariadne
便利性十足

總共有總共有 6 間房間，設計主軸都是弧形，牆上的壁畫和衣櫃線條感十足，配色也相當優雅，第一眼看到就決定入住。櫃檯並非 24 小時，但入住時，旅客所需要的資訊與服務，都先為您想到了。

Olive Green Hotel
綠能環保飯店

融合高科技與自然的飯店，建築物的外殼覆蓋有先進的隔熱材料，穩定的溫度和季節調節。座落在鬧區中，在黑夜中特別的亮眼。

Capsis Astoria Heraklion
交通便利中心位置

雖然建築物有點年紀，但位置非常好，旁邊就是公車總站。客房內設備齊全，高樓層的陽台景觀房，可以看到港灣風景，價格也滿划算的，頂樓還有游泳池。

哈尼亞

Χανιά/Chania

這座城市會偷走你的心

克里特島的前首都(1847 ~ 1972 年)，如今已是克里特島的第二大城市。羅馬人、拜占庭人、穆斯林、威尼斯人、奧斯曼帝國等歷史文化的交匯，豐富多元的文化底蘊在這裡形成。

隨著深入探訪每個角落，對這座城市的深深熱愛不斷加深，絕對值得列入旅遊清單。

交通資訊

- **渡輪**：雅典比雷埃夫斯港口 (Piraeus) 有直達船可到哈尼亞港口 (Port of Souda)，船程約 9 小時，取決於渡輪類型與路線。
- **飛機**：從雅典 (ATH) 直飛哈尼亞機場 (CHQ) 約 1 小時。

島上交通

- **開車**：機場和搭船碼頭到市區有一段距離，鄰近景點距離也比較長，建議開車比較方便。
- **公共巴士**：請事先在巴士售票亭買好票，若是上車才購買票價會比較貴。

➡ 市區巴士巴士時刻表請搜尋：Chania Urban Buses
巴士時刻表請搜尋：Ktel Heraklion
長途巴士總站位置：Chania-Rethimnon Busses

沉浸在舊威尼斯港的慢活中

舊威尼斯港灣 (Old Venetian Harbour) 第一眼並不令人驚豔，但卻非常舒適，找個座位坐下，慢慢環視當時留下的代表性遺跡，從左到右分別有以下建築。

菲爾卡斯堡壘 (Firka Venetian Fortress)

由威尼斯人於 16 世紀建造，當時被稱為 Revellino del Porto，目的是防止敵人攻擊港口，在堡壘北側，有 6 個用於保護海港入口的大砲。1913 年 12 月 1 日，為了慶祝脫離土耳其管轄，塔樓升起了希臘藍白國旗。

燈塔 (Lighthouse)

威尼斯人在 16 世紀後期，於天然岩石上建造的燈塔，高度為 21 公尺，是迄今為止世界上保存最古老的燈塔之一。

燈塔由三部分組成，底部有 8 個角度，中間部分有 16 個角度，第三部分是圓形，遇到威脅時，威尼斯人會使用一條鏈條綁住燈塔底部和對面的 Firka 堡壘，關閉港口的入口。

海邊清真寺 (Kucuk Hasan Mosque)

1649 年土耳其占領哈尼亞之後，在克里特島上建造的第一座清真寺，獻給哈尼亞第一位土耳其軍事總督庫克・哈桑・帕夏 (Küçük Hassan Pasha)。

威尼斯造船廠 (Neoria/Venetian Shipyards)

總共有 17 個造船廠，每個長度 50 公尺，寬度 9 公尺，高度 10 公尺，船塢是大石頭結構與拱形門面，使船隻能夠毫無障礙地進入船塢，至今有 7 個仍在運作。

網美照這裡拍最好看

以下推薦的景點處處都令人眼睛為之一亮，在懷舊典雅的外殼下，餐廳商店各個帶有個性風味，走在街道上彷彿穿越時空，來場不期而遇的邂逅。

Ag. Deka

入口魔幻般的 Black Rooster 爵士酒吧，招呼你進入這條巷弄。這裡暗藏著精品小旅館 Viaggio Elegant Rooms，在 Tholos 破墟中用餐的獨特體驗，會讓人思思念念想一訪再訪。

Ag. Isodion

是一條很容易讓人錯過但裡面有許多好店的街道，這裡有配色活潑大膽的 ABABA Bar、當紅的 Sketi Glyka 的甜點店，和 Colombo Kitchen & Bar。

Sifaka Rd.

這是一條上坡的人行道，左手邊是威尼斯城牆，右手邊是知名時尚品牌 justBrazil Store。

中央市場 (Old Chania Market)

建於 1913 年的中央市場，形狀為十字架，每面都有一扇門可以進出。這裡共有 76 家商店，販賣新鮮肉品、豐富蔬果、香料、正宗的克里特島大麥麵包乾，以及當地特色起司等。

市場以內到港口是舊城區，往外圍發展則是新城區，是現代化的建築和城區內舊建築的分隔點。

哈尼亞 2 大絕美海灘

哈尼亞附近擁有許多島上、甚至是全世界必造訪的美麗海灘，它們擁有色彩特殊的柔軟沙子，以及彩色鵝卵石。雖然交通不太方便，但錯過真的很可惜。

Elafonissi Beach

人氣 NO.1 的粉紅沙灘

這片海灘曾被列為全球 25 處必訪之一，以其粉紅色的沙灘而聞名。獨特的色澤是由潮汐和波浪帶動的微生物，與天然海藻的色素相互作用形成的沉積物所造成。海灘上零星的植被與克里特山的荒蕪形成了極具鮮明對比的風景，讓這處海灘更顯得別具一格。

➡開車：從Chania市區出發約2小時可到達。搭公車：夏季：每天一班車從哈尼亞公車總站出發

Balos Beach

隱於天堂路後美到不可思議的祕境沙灘

在雄偉的 Geroskini 山脈下，碧綠的海水可說是上帝最佳傑作。狂野的自然美景，和對岸威尼斯人在 1579 ～ 1982 年之間建造的 Gramvoussa Fort 城堡相望，美到不可思議，令人難以忘懷。

➡開車：從Chania市區出發約1小時40分鐘可到達。搭觀光船：5～10月每天一班車從Port of Kissamos出發

貼心提醒 **Balos Beach 自駕注意事項**

1. 夏季開車進入海灘道路時需要付入場費，每人 1 歐元，每台車停車費 3 歐元 (每年收費不一)。
2. 路面崎嶇不平，必須放慢速度小心駕駛，下車須走約 20 分鐘才會抵達海灘。

來哈尼亞，吃什麼？

時間允許的話一定要找些別具特色的餐廳，許多餐廳的位置或裝潢都令人印象深度，在餐點上也下足功夫，可用高貴不貴的價格，享受到星級水準。

恆意舒適無敵美景

PALLAS

數家港邊餐廳就屬這家餐廳的外觀最霸氣搶眼，被選為克里特島 20 棟最佳歷史建築之一，內部簡單明亮，設計中帶點不簡單的現代奢華感。二樓的酒吧是眾多葡萄酒愛好者的聚集地，提供 500 多種稀有葡萄酒。

➡從Mosque of the Janissaries出發走路2分鐘

述說一段故事的料理

MonEs

具有 500 年歷史的建築，最初是 16 世紀威尼斯貴族的豪宅，菜色忠於克里特島的文化和歷史，並加入現代化靈魂，每道菜背後都有一段故事。希望帶給饕客一場超越味蕾的饗宴，將用餐視為一種過程、一場儀式，乃至一天的完美結束。

➡從Mosque of the Janissaries出發走路5分鐘

代代相傳傳統早餐

Bougatsa Iordanis

表皮微微焦香，內餡柔滑的奶蛋派，是當地人熱愛的傳統早餐。自 1924 年以來都採用簡單的鋁盤盛裝奶蛋派，使用克里特島乳清乾酪為主原料，這也是它格外特別的原因，略帶酸味和鹹味，表皮撒上少許砂糖，十分美味。

➡從Old Chania Market出發走路3分鐘

Δωδεκάνησα/Dodecanese

多德卡尼斯群島

希臘最陽光的一角

多德卡尼斯群島字面意思是 12 個主要島嶼，再加上數不清的小島。位於基克拉迪斯群島和土耳其海岸之間，愛琴海東南部陽光明媚的角落。最出名的莫過於在羅德島(Rhodes)，雄偉的拜占庭建築和中世紀古蹟，以及被稱為愛琴海的耶路撒冷 Patmos 島，吸引許多天主教徒和東正教徒朝聖，這群島豐富又多元的歷史文化以及度假海灘，深深讓遊客們著迷。

多德卡尼斯2座小島

基克拉迪斯群島 小島❶

羅德島

Ρόδος/Rhodes

見證中世紀黃金時代

希臘第四大島，位於克里特島和小亞細亞之間，是通往愛琴海的門戶，也是希臘最東邊的城市。島上眾多的港口使羅德島成為古代世界航運理想的中轉站，13 世紀末耶路撒冷騎士團的到來，開始了歷史上的新篇章。

幸運的是城牆內的遺跡沒有被過度破壞，是世界上保存最完好的中世紀定居點之一。每年平均有 300 天日照的陽光島，島上布滿了大片的綠地、森林和乾淨的沙灘，適合各年齡層遊客造訪。

羅德島

交通資訊

- **渡輪**：雅典比雷埃夫斯港口 (Piraeus) 有直達船可到羅德島港口 (Rhodes)，船程約 15 小時，和伊拉克利翁港口 (Heraklion) 之間船程約 11 小時，取決於渡輪類型。
- **飛機**：從雅典 (ATH) 直飛羅德島 (RHO) 約 1 小時，從伊拉克利翁機場 (HER) 直飛羅德島 (RHO) 約 1 小時。

島上交通

- **開車**：道路規畫完善，是現代都市適合開車。
- **公共巴士**：價格便宜，重要景點皆有到達。市區巴士、西半部 (往機場方向) 時刻表**請搜尋：** Desroda
  東半部巴士時刻表請搜尋： Ktel Rodou
- **觀光客最便利使用的 Hop on hop off bus**：共停 11 個重要景點，夏季營運時間從 09:00 ～ 18:00，平均每一小時一班車，語音導覽包含英文、希臘文、西班牙文等。
- **計程車**：有公定價，路邊容易攔車。

舊城區追尋騎士團輝煌腳步

西元前 408 年開始發展，堅固的牆壁、鋪有石頭的小巷，以及中世紀城堡彷彿回到騎士時代的錯覺。每塊石頭都說著一段故事，步行在騎士街上，感覺自己像是穿著光彩奪目盔甲的聖戰士或貴族公主。

騎士街

Street of the Knights of Rhodes

建於 14 世紀，是當時貴族、騎士和當地有影響力人士的最愛之地，兩旁是中世紀騎士們經常光顧的地方客棧，經過翻新後完整保存下來。當年，騎士們根據不同語言和種族分住在大道兩旁的房子裡，共來自 7 個地區：奧弗涅 (Auvergne)、普羅旺斯 (Provence)、英格蘭 (England)、法國 (France)、德國 (Germany)、阿拉貢 (Aragon) 和義大利 (Italy)。

注意看牆上的細節，就會知道這是哪個地區騎士的住所

大教長

Palace of the Grand Master of the Knights of Rhodes

這座建築最初於公元 7 世紀末建成，呈現拜占庭式要塞風格。到了 14 世紀初，聖約翰騎士團將其改建為團長 (Grand Master) 宮殿及行政中心，形成矩形且氣勢宏偉的建築。外牆尺寸為 80x75 公尺，包圍著一個 50x40 公尺的內部庭院。這座堅固的防禦堡壘在多次敵軍入侵時為當地居民提供了安全保護，幾乎完好無損。

宮殿內擁有 158 個房間，而目前僅對遊客開放的有大師的私人住所、接待大廳、宴會廳、音樂室等 24 個房間。這些令人印象深刻的房間配備有 16 和 17 世紀的古董家具、華麗的彩色大理石、雕塑、地毯和精美的東方花瓶。

由於該宮殿位於聖約翰騎士教堂對面，於 1856 年遭受炸藥爆炸的損壞，並在 1930 年代後期在義大利占領期間得以重建，作為義大利總督的官邸。

$全票夏季8歐元；冬季4歐元，或可購買特價套票全票10歐元，票券效期為3日(官方預告2025會調整票價) ➡從遊客中心沿著騎士街走到盡頭約5分鐘

宮殿的入口十分壯觀，兩座雄偉的半圓形塔樓以及大師的盾牌相映成趣

勞孔群像是三位雕塑家Agesander、Athenodoros和Polydorus共同創作，真品現存梵蒂岡博物館

中世紀鐘塔

Medieval clock tower

這座建築由費蒂帕夏 (Fethi Pasha) 於 1852 年以巴洛克元素進行重建，迄今仍然保持正常運轉。在奧斯曼帝國統治時期，它被用來告知希臘人土耳其時間，以便提醒他們何時可以進入或離開這座具有重要戰略意義的城市。

$單張5歐元

蘇萊曼清真寺

Mosque of Suleiman

最初是奧斯曼帝國於 1522 年征服羅德島後建造的，並於 1808 年重建。它是蘇丹蘇萊曼 (Suleiman I) 為紀念他征服羅德島而命名的。目前沒有對外開放。

猶太烈士廣場

Jewish Martyrs Square

廣場中心矗立 3 隻海馬鑄鐵雕，鄰近餐廳每家都裝飾得很浮誇。這區曾是 5,500 名猶太人的家園，1944 年，1673 名猶太人被驅逐到奧斯威辛集中營，最後只有 151 人倖存，今日仍有少數猶太人居住在羅德島。

希波克拉底廣場

Hippocrates Square

因噴泉上方有隻青銅貓頭鷹，因此有個小別名為「貓頭鷹廣場」。廣場周圍有許多酒吧、餐館和夜總會。

羅德考古博物館

Archaeological Museum of Rhodes

史前館藏和雕刻很豐富，入口看起來不大，裡面腹地卻很寬闊，適合慢慢品味。主要展品包括幾何到古典時期 (公元前 9 ～ 4 世紀)，有展出葬禮的珠寶、花瓶和小物件，古典和古希臘時期的雕塑以及硬幣。

下頁是推薦博物館參觀重點。

$全票夏季6歐元；冬季3歐元，或可購買特價套票全票10歐元，票券效期為3日 ➡距離遊客中心走路約2分鐘

雕像、墓碑區

阿芙羅狄蒂沐浴大理石雕像

描繪了女神阿芙羅狄蒂裸露的身體，處於彎曲的姿勢，將她的頭和上軀幹轉向側面，雙臂抬起，捧著長長的捲髮，優雅的雕塑和構圖令人印象深刻。

Helios 的大理石頭

希臘時期 (公元前 2 世紀晚期) 令人印象深刻的作品，它所雕刻的是太陽神，巨大的頭部高 55 公分，半張開的嘴巴，面部表情散發強烈的情感，以其表達力和美學而著稱。

二樓走廊區、後花園

貝勒羅豐 (Bellerophon)

希臘神話中的英雄，傳說在科林斯出生，得到神的幫助捕獲了天馬佩加索斯 (Pegasus)，並且打倒怪獸喀邁拉 (Chimera)。

11 個羅德城門

11 座大門提供了通往城市的通道。入口處宛如城堡般、有著雙塔造型的 Sea Gate，是 11 處閘口中最高聳、壯觀的一座。

Gate of Amboise入口上方，有一位天使揮舞著騎士團和昂布瓦斯家族的徽章

知識充電站

羅德島老城區 (Rhodes Old Town) 發展故事

古典時期
★公元前 408 ～ 407 年

依循古代歐洲城市規畫之父米利都斯 (Hippodamus) 所設計的古城系統，被認為是最美麗，組織最完善的城市之一。

騎士時期
★公元 1309 ～ 1522 年

公元 1309 年，耶路撒冷聖約翰醫院騎士團定居在該島上，作為歐洲的總部，也是朝聖者前往聖地的中間站之一。從東到西的內牆將城市分為兩部分，北區 Collachium(城堡之意) 是行政中心，包括大教長宮和醫院。

南部較大的街區稱為 Burgum(城鎮之意) 是資產階級、拉丁裔和希臘裔生活的地方，11 座大門提供了通往城市的通道。

奧斯曼帝國時期
★公元 1523 年

在奧斯曼帝國時期，主要房屋改建為私人豪宅或公共建築，並增建浴場，再將大部分教堂改建成清真寺。希臘人被迫放棄這座設防的城市，並遷至其城牆外的新郊區。

義大利時期
★公元 1912 年

義大利軍隊占領時，稱為愛琴海義大利群島。1923 年義大利建築師弗洛雷斯塔諾．迪．福斯托 (Florestano Di Fausto，最重要的殖民建築師，並被稱為地中海建築師)，城市規畫時選擇保留中世紀的城牆城市，將城市分為舊城和新城。他設計了約 50 座建築物，如新市場和市政廳，這些建築均以折衷主義風格設計，融合了奧斯曼帝國、文藝復興時期和當地元素。

★公元 1929 年

清除了牆壁上的奧斯曼帝國的附加物，並進行了修復，重建大師宮殿以及騎士街歐洲中世紀場景。

★公元 1988 年

被聯合國教科文組織列入世界遺產名錄，表彰其跨文化建築的獨特性。

新城區散步 4 個必看重點

1522 年土耳其人占領羅德島並將所有其他民族趕出老城區，開啟了新城區的發展。高聳城牆外，大量威尼斯、哥特式、新殖民地風格和義大利風格建築物，高大的現代建築、沙灘和碧綠海水，是地中海文化融合代表性城市。

曼德拉港口

Mandraki Marina & Port

在遠古時代港口曾佇立著太陽神赫利俄斯 (Helios) 的雕像，感謝太陽神的神助，在公元前 305 年擊敗馬其頓人，著名的古代世界的七大奇觀之一，可惜在公元前 226 年，毀於地震。

聖尼古拉斯堡壘

Fort of St. Nicholas

15 世紀，騎士團團長雷蒙多．扎科斯塔 (Raimondo Zacosta) 下令在此建造了一座防衛塔，1480 年土耳其人襲擊曼德拉港，當時團長皮埃爾．達布森 (Pierre d'Aubusson) 新建了一座堡壘，並用守護神命名。

中世紀石頭風車

Rhodes Windmills

三座中世紀風車，被用來磨碎停靠港商船上卸載的穀物。曾經有 13 ～ 14 座風車，但是隨著時間的流逝，大多數已經瓦解。

雄雌青銅鹿雕像

Doe Statue

羅得島在古代被稱為 Elafioussa，這意味著有很多鹿。青銅雙鹿雕像分別命名為 Elefos 和 Elafina，就此成為港口的守護者。

來羅德島，吃什麼？

許多餐廳提供美味傳統菜肴，都是遵循代代相傳古老食譜製作而成，採用本地新鮮採摘的食材，將傳統元素融入現代風味中，重新組合。在古城的庭園餐廳中用餐，特別有意思！

舊城區

誰能抗拒高顏值早餐

Decan Bistro Breakfast Brunch

旅遊的早晨用一杯溫暖的飲料跟一份用心製作的餐點開始，坐在街邊看著當地人互道早安，爸媽忙著送孩子去上學，這些平常生活的景象，讓人看了洋溢幸福感。餐廳的大廚就是老闆媽媽，烹飪時用愉快的心情把愛放入食物，擺盤看似隨意但整體視覺超美。

➡希波克拉底廣場走路約3分鐘可到達

老闆推薦網美系Vanilla Chocolate，超甜蜜

經過就想坐下小憩片刻

Auvergne Cafe Bar Restaurant

擁有上百年歷史的建築，是以前騎士們聚會閒聊的場所。可以在梧桐樹下伴隨著希臘音樂，享用簡單的早晨咖啡、午餐或黃昏開胃酒，任何時刻都可以愜意享受美好時光。

➡ 距離遊客中心走路約1分鐘

特別推薦Cold Cuts Platter，每樣都有不同風味

在地風味道道經典

Il Giardino Modern Traditional Cuisine

路過門口的第一眼便被深深吸引，就像來到當地人家的後院，擺上幾張桌椅，邀請客人入座。這條巷弄到處都是傳統餐廳，點最簡單的烤肉串最能看出實力，肉多汁又香嫩，也很推薦當地特色料理陶鍋燉牛肉 (Lakani)。

➡希波克拉底廣場走路約2分鐘可到達

餐廳同時結合民宿，超推薦來中世紀建築內住一晚

冰淇淋世界大師常勝軍

Ice-cream Palladio

貴為冰淇淋冠軍，招牌裝潢看起來卻很不顯眼，但看到當地人拿著自備容器，不斷輪流前來購買，讓觀光客也好奇，到底有何厲害之處？

這家冰淇淋無添加糖，素食者也可以享用，有許多自家特殊口味，口感很潤很滑順，吃完還想再試別的口味。

➡希波克拉底廣場走路約2分鐘可到達

新城區

咖啡迷快來朝聖

Monk Coffee/The Pure Roasters

店主名言：如同 Monk 將自己奉獻給上帝，我們也將自己奉獻給咖啡，所以取名為 Monk。開放式的座位區，正對林蔭美景，相當舒服。自家烘焙的咖啡豆，依據產地、品種採用不同的烘焙法，帶出小小一顆咖啡豆最精華的部分，讓咖啡愛好者也成為這家店的信徒。

➡公車總站走路約4分鐘可到達

多汁的烤蔬菜加超厚起司，很清爽可口

林多斯

Λινδος/Lindos

島上最古老的村落

林多斯推測是早期希臘人與腓尼基人來往的交匯處，擁有發展海上貿易的絕佳位置，是世界上第一個彙編海洋法典的城邦。

傳統的臨海村莊，像米克諾斯島一樣，擁有防止海盜入侵像迷宮的狹窄街道，這裡還有美麗的海灘以及壯麗的海景，山坡上林多斯衛城有如雅典衛城般神聖不可取代的地位，是吸引觀光客到來的一大亮點。

交通資訊

- **開車**：從羅德市區出發約 1 小時可到達。
- **公共巴士**：從 KTEL Bus Station 巴士站出發，車程時間約為 1 小時 30 分鐘，發車時間建議上網查詢較為準確。請注意，建議先到售票亭買票，上面會寫搭乘幾號巴士。

巴士站到小鎮入口接駁巴士，單趟一人0.5歐元

在林多斯必做的 6 件事

林多斯並不大，安排一天就可以走透透，如果想玩得更悠閒，住一晚當然最好。晚上景觀餐廳各個都是高朋滿座，為小鎮注入新活力。秋末到春天，這裡商店餐廳都休息，唯有衛城可以參觀。

必做 1 參觀林多斯衛城 (Lindos Acropolis)

$全票夏季12歐元；冬季6歐元(官方預告2025會調整票價) ➡從Lindos Central Bus Station出發約走20分鐘
⁉1.城區內車輛無法進入，只能用走路到達，路雖是爬坡但不會太難走，遺跡內路面不平。2.沒有遮蔽物，請擦好防曬。記得攜帶瓶裝水，以免中暑。3.衛城內沒有洗手間

必看 6 大重點

衛城是一座天然的瞭望塔，建在海拔 116 公尺的陡峭岩石上，不僅有居高臨下易於防禦的城堡山，天然港口面朝地中海，是希臘第二大衛城。

在 1900 ～ 1914 年期間，丹麥考古學家克里斯蒂安・布林肯貝格 (Christian Blinkenberg) 和卡爾・弗雷德里克・金奇 (Karl Frederik Kinch) 進行考古發掘。他們發現了一塊大理石，記錄了公元前 99 ～ 392 年間聖殿紀事，包含當時法令，統治者對雅典娜・林迪亞奉獻的報告，記載了雅典娜的 4 個奇蹟故事，是現存最長的希臘碑文之一。

1 三列槳座戰船石雕 (Triemiolia)

登上城堡之前先來到半圓形廣場，這裡是早期的戶外會議廳，懸崖上看到著名的戰船浮雕，是公元前 2 世紀，古代知名雕刻家皮柯特利斯特 (Pythocritus) 的作品。5 公尺長的岩石浮雕，是為了紀念公元前 190 年黑格桑德羅斯將軍 (Hegesandros) 成功地領導手下打擊海盜而建造的。古希臘軍艦的淺浮雕，證明了羅德島在古代是海上要角。

某些學者認為，法國羅浮宮內的鎮館之寶《有翼的勝利女神》(Nike of Samothrace) 也是他的作品。

2 騎士宮殿 (Medieval Headquarters Building)

在中世紀時期，聖約翰騎士團遵循自然地形建造而成的階梯，令人印象深刻。長達 508 公尺的城牆，包圍了整個衛城，並在通向衛城的長長的樓梯上方，增加了騎士宮殿。

2 聖約翰教堂 (Church of St. John)

在羅馬和拜占庭時期，隨著基督教的盛行，古老的寺廟被改建為基督教堂。

4 柱廊與山門 (Propylaea & Stoa)

在中世紀時期，聖約翰騎士團遵循自然地形建造而成的階梯，令人印象深刻。長達 508 公尺的城牆，包圍了整個衛城，並在通向衛城的長長的樓梯上方，增加了騎士宮殿。

巨大的山門階梯將5個山門和長87公尺，由42根柱子ㄇ形的柱廊接連在一起

5 雅典娜．林迪亞神殿 (Temple of Athena Lindia)

在聖殿建立之前，該遺址推測曾經是當地女神崇拜的場所。公元前 6 世紀，希臘七聖賢之一克利奧布魯斯 (Cleobulus) 統治期間，因為對雅典娜的崇拜而建造了神殿，以紀念雅典娜．林迪亞 (Athena Lindia)。著名的國王亞歷山大大帝 (Alexander the Great)，埃及托勒密王朝創建者托勒密一世 (Ptolemy I Soter)，都曾為了勝利來這裡獻祭。

不幸的是，在公元前 392 年被大火燒毀，並在公元前 4 世紀後期被一座以多立克柱式風格，長 22、寬 8 公尺新殿取代。新殿包含前庭和內殿，內殿放置著神的雕像，入口處放置著記載公元前 406 ～ 28 年間的祭司名單。

1912 ～ 1945 年占領羅得島的義大利人試圖整修，但恢復得並不完善，現在所看到的神殿，是在 2000 ～ 2005 年間修復修復完成的。

6 絕美心型聖保羅灣 (St. Paul's Bay)

靠近雅典娜．林迪亞神殿的城牆下，是傳說中使徒保羅第三次傳教時，返回耶路撒冷途中停靠的港口，並在這座城市上岸進行傳教工作，為了紀念他而命名，並建立了一座小教堂。

必做 2 參觀村落最重要的建 Church of Panagia 築物

古老的教堂四周環繞著高牆和小庭院，最初建於 1300 年，聖約翰騎士團團長皮埃爾．達布森 (Pierre d'Aubusson) 管理時期，奉命以哥特式風格重建。特徵是石頭建造的鐘樓塔，這是此地區教堂的典型代表。

必做 3 參觀當地人的住家 Traditional Lindian House Museum

看看18世紀當地人的家，小走廊進去後是小庭院，擺放當初用的烹調器具，也有販售紀念品。

必做 4 找一家景觀餐廳慢度時光

因為林多斯是歷史悠久的村落，餐廳型態都多都是希臘傳統料理，5～10月觀光旺季餐廳競爭激烈，建議多看看，慢慢挑選。

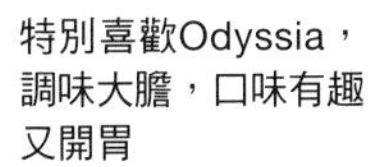

特別喜歡Odyssia，調味大膽，口味有趣又開胃

必做 5 找尋特色商店

這裡有許多販售當地特色紀念品的店家，例如純棉服飾和捕夢網，還有方便帶回去送人的小點心。

推薦來Kerasma Lindos，精選希臘各地優質商品，品質超讚

必做 6 到海邊走走

兩個主要海灘在夏日也很受到歡迎，設有日光浴床、遮陽傘、小酒吧。金色的沙灘和清澈的海水讓遊客驚歎不已。海灣被圓形劇場的林多斯村莊和山頂的衛城環繞著。

第二個海灘Lindos Pallas，若從羅德市中心搭船來，就是停靠在這裡

基克拉迪斯群島 小島❷

錫米島

Σύμη/Symi

票選為世界最美港區

錫迷島有另一個可愛的名字——愛琴海小公主。距離羅德島乘船約1.5 小時左右，非常適合一日遊。南北長約 13 公里，東西長約 8 公里，面積約 68 平方公里，一進入港口就能見到華麗的新古典主義建築，超吸睛！經常被票選為歐洲最美的港口之一。

錫米島地圖

交通資訊

- **渡輪**：在夏季渡輪從比雷埃夫斯港出發，每週約 2 ～ 3 班。不過路程較長，大約需要 17 ～ 20 個小時。
- **飛機**：沒有機場，最近的機場位在羅德島，航程約 1 小時，再搭船前往最為便利。

島上交通

- **開車**：路很單純，一條通往 Pedi 方向，另一條通往 Panormitis 方向。
- **公共巴士和船**：下船後就可以看到公共巴士和船就停在下船口旁邊，時刻表也貼在旁邊。

停在港邊紅白色的船，通往各個海灘

錫米島必做的 10 件事

主要遊玩的地方都在港口附近，即便是參加一日遊，也可以悠閒地玩得很盡興，若想慢到忘記時間，安排到島上住個一晚，感受與世隔絕。

必做 1 參觀市政時鐘 (Clocktower)

1880 年建造的石製市政時鐘，是遊客到達島上時看到的第一個景點，同時也是個環視港口全景的地方。

必做 2 漫步在世界最美港口

這裡有一座小漁夫米哈拉基斯 (Michalakis) 的雕像，由當地著名雕塑家科斯塔斯．瓦爾薩米斯 (Costas Valsamis) 創作，用男孩來呈現島上有許多年輕和年長的漁民。

必做 3 觀賞富人房子

觀賞富人房子最好的位置就在 Stairs to Ano Symi。和平紀念廣場旁有一條白色天堂階梯，走上後往下看，就能看到豪宅的景色。

必做 4 當個海綿好奇寶寶

採海綿一直是地中海奇特危險但利潤豐厚的生意，可以參觀幾家海綿店，他們展示各式各樣不同材質的海綿。

現今大部分銷售的海綿來自卡林諾斯島(Kalymnos)，居民現在較少淺水採海綿。

必做 5 拜訪島上最知名皮件藝術家 Takis Psarros

許多雜誌或媒體都會介紹這號人物，工作室外面展示的皮革比較一般，但窄門進去後的工作室就很不一樣了。這裡有很多名人合照，所有作品都是用烙鐵一點一點燒上去，沒有打底全靠上帝賦予的天分來創作。

必做 6 海邊餐廳吃錫米蝦 (Simiako garidaki)

錫米蝦棲息在周圍海域，牠呈現鮮紅，滋味細嫩鮮美，調味方式相當簡單，用橄欖油和大蒜炸脆後，再用鹽和胡椒調味，擠上黃檸檬後，可以連殼整隻吃。

推薦餐廳 holos Restauran，從 ClockTower 出發走路 7 分鐘，不在最熱鬧的港灣區，但卻擁有絕佳景色的好位置。

必做 7 挑戰 500 階 (The Kali Strata/Καλή Στράτα)

這是一條連接下城 (Gialos) 和上城 (Chorio) 的道路，設計讓富人在蜿蜒宜人的環境中步行回家，道路寬闊舒適，走起來並不會太辛苦。

必做 8 收集島上門窗明信片

島上最大賣點就是建築，典型的 19 世紀房屋有二或三層，正面是三角形山牆，有瓦頂及有鐵柵欄的小陽台，以及和木門對稱的窗戶，每間房子的門和窗都好有個性。

必做 9 去海邊做日光浴

沒有派對海灘，也沒有很長的沙灘，這裡的沙灘小型寧靜，在陽光下沐浴，坐上一會兒也好。最出名的 Saint George Bay 位於東岸中部，只能搭船進入，6 ～ 8 月的一日遊也會短暫停留在此。

必做 10 參觀修道院 Holy Monastery of the Taxiarch Michael Panormitis

紀念大天使米迦勒 ((Michael Panormitis)) 而建，他不僅被認為是該島的守護神，也是整個多德卡尼斯群島地區水手的守護者。建於 6 世紀，如今是經過修復的18 世紀威尼斯風格，特色是建於 1905 年的巴洛克式鐘樓，大鐘重 750 公斤。

教堂內裡有兩間小型博物館，收藏了大量的教會藝術品、聖像、船模型以及島上民間文化的重要物品。

$ 教堂入內免費，院內兩個小型博物館全票票價一人1,50歐元 ➡ 1.從Symi港旁的公車站搭車約1小時到達(班次不多)，全票一人來回10歐元。2.一日遊的行程幾乎都有包含此景點

裝滿祈禱文的瓶子。這起源於希臘水手，他們將這些東西扔進海裡，最終落在修道院的海岸線上

大天使精美鍍銀聖像鑲在木雕上

Περιφέρεια Ιονίων Νήσων/Ionian Islands

愛奧尼亞群島

希臘最美的海域，就在這裡！

愛奧尼亞2座小島

愛奧尼亞群島是在最西邊的小島群，顛覆你的刻板印象，這裡一點都不藍白，也沒有雄偉的希臘柱式建築，旅客可以重新體驗希臘之美。

隔著愛奧尼亞海和鄰國義大利相望，曾受義大利、法國、英國占領，充滿濃濃異國海島風情，大海顏色無限組合變化，翠綠的山巒圍繞，是上帝賜給這塊大地的寶藏。

基克拉迪斯群島 小島❶

凱法利尼亞

Κεφαλονιά/Kefalonia

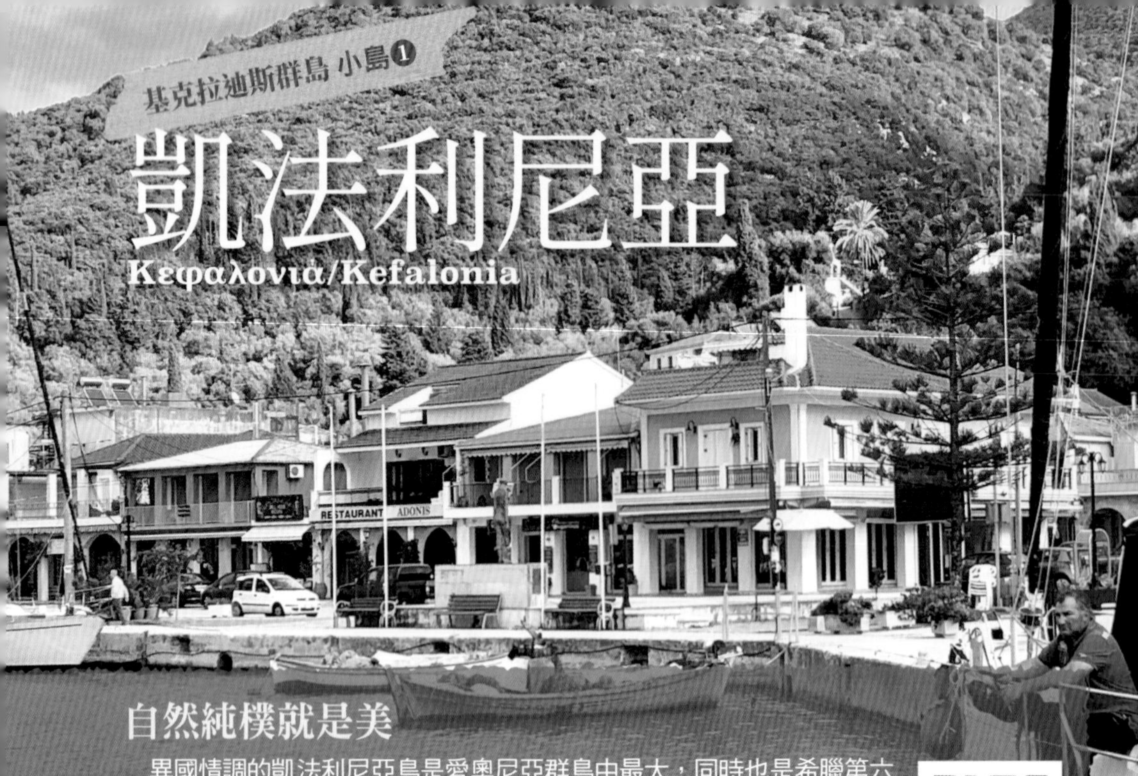

自然純樸就是美

異國情調的凱法利尼亞島是愛奧尼亞群島中最大，同時也是希臘第六大島，整個凱法利尼亞島方圓 760 多平方公里。

清澈靛藍又帶有點透光的海灣，潔白耀眼的細白沙灘，色彩繽紛的小漁村，帶有傳說故事的神祕洞穴，鬱鬱蔥蔥的山谷，自然美麗風光會讓初次到訪的旅客眼睛為之一亮。天然美景也成為電影《戰地情人》(Captain Corelli’ s Mandolin) 取景地。

凱法利尼亞
地圖

交通資訊

- **開車或公共巴士＆渡輪有兩種選擇：**

1. 雅典到帕特雷 (Patras) 港口車程約 2.5 小時，搭船到凱島薩米港口 (Sami) 約 3.5 小時。
2. 雅典到基利尼 (Kyllin) 港口車程約 4 小時，搭船到達凱島波羅斯港口 (Poros) 約 1.5 小時。

➡巴士時刻表請搜尋：Kefalonian Buses

- **飛機**：從雅典 (ATH) 直飛凱島機場 (EFL) 約 1 小時。
- **渡輪**：在夏季，凱島佩薩達港口 (Pessada Harbour) 和扎島聖尼可拉斯港口 (Agios Nikolaos Harbour) 間有渡輪，船程約 1.5 小時。

島上交通

- **開車**：景點皆有些距離，開車移動方便許多，較多蜿蜒山路，有些無護欄要特別小心。
- **公共巴士**：重要景點皆有到達。

➡巴士時刻表請搜尋：Kefalonian Buses

- **計程車**：短程接駁便利又快速，電話叫車也很方便。請 Google 關鍵字 Kefalonia Taxi。

阿爾戈斯托利

Αργοστόλι/Argostoli

散發慢步調的
生活魅力

首都阿爾戈斯托利充滿朝氣活力，在地人也相當親切，讓旅客輕鬆自在地融入當地。沿著漂亮的石板街道漫步在中央大街，還可以在咖啡館和酒吧品嘗著名的 Robola 葡萄酒。

請注意，島上商店營業時間通常是 09:00 ~ 22:00，部分商店 14:00 ~ 15:00 午休。店主幾乎都說流利的英語，親切友好。

暢遊小鎮鄰近景點

狹長臨海的地形，為了生活便利而打造的橋跟燈塔，行程順路時繞過去看看，天氣好時，風景如畫。

德波塞特石橋

De Bosset Bridge

為了方便首都與對面小村莊德拉帕諾 (Drapano) 之間的交通往來，便修建了這座橋。最初，橋身以木製材料搭建，後於 1842 年更新了外觀的設計，並運用了石質建材進行加固，成了今天我們所見到的樣貌。

聖西奧多燈塔

Saint Theodoroi Lighthouse

塔高 8 公尺，以 20 根多立克式白色建築風格的圓柱為基礎而建。它是在查爾斯．納皮爾 (Charles Napier) 於 1928 年擔任凱法利尼亞州州長時，為進出的船隻提供了指路明燈所建造。

來阿爾戈斯托利，吃什麼？

夏季時，餐廳吸納來自於英國、德國等歐洲觀光客，為了吸引觀光客上門，因此許多店都顯得新潮些。餐點的選擇也比較偏向國際化，並不局限於當地傳統菜色，看不出來哪一家比較出色，這時不妨問問當地人有無推薦餐廳來嘗鮮吧！

吃在嘴裡暖在心裡

To Arxontiko

和廣場上新潮的店相比，簡單樸實不太起眼，是當地人推薦的人氣餐廳。這裡的用料相當實在，分量也很足夠，每道料理採現點現做，好味道值得多花一點時間等待。內部呈現一種懷舊風情，晚上去用餐特別有氣氛。

➡從城市公園出發走路2分鐘

跟著當地人吃國民美食

Ladokolla

Ladokolla 是相當大的一間大眾食堂，也是當地人輕鬆聚會的快餐店。一進門陣陣烤肉香氣撲鼻而來，真想趕快開動。上菜方式也很豪邁，將烤羊肉直接倒在桌上，讓客人用棒的方式品嘗店家自豪的烤肉，這樣的吃法特別津津有味。

➡從城市公園出發走路2分鐘

超甜番茄芝麻葉沙拉

島上超人氣海灘

島上環繞著令人驚歎的海岸線，多個海灘因其清潔度而獲得藍旗獎，熱門沙灘在夏季總是擠滿喜歡曬太陽和戲水的遊客。

邁爾托斯海灘
Myrtos Beach

在西北部阿索斯村莊附近，被譽為希臘最美沙灘。圓形白色鵝卵石組成長約800公尺潔白無瑕沙灘，碧藍如黛海天一色的愛奧尼亞海，被兩座高山阿吉亞·迪納提(Agia Dynati，1,131公尺)和卡隆奧羅斯(Kalon Oros，901公尺)環繞著，仙境般的完美組合，不容錯過。

➡開車：從Assos出發開車約15分鐘可到觀景台，25分鐘可到海灘

安薩莫斯海灘
Antisamos Beach

要在凱島尋找最適合游泳和曬日光浴的地方，這裡絕對是你最佳的選擇。平緩的白色海灘，碧綠的群山環繞著清澈海水，也吸引好萊塢電影《戰地情人》(Captain Corelli's Mandolin)來這取景。

淺水處會看到魚在腳旁游泳，沙灘上有舒適的餐廳酒吧，設備完善，是個適合帶全家大小一同來享樂的地方。唯一可惜的是，太過出名，在夏季時總是湧入過多的人潮。

➡開車：從Sami Harbor出發開車約10分鐘可到達

凱法利尼亞的小村莊

4 個必去偷閒度日的小天地

凱法利尼亞地方大生活步調緩慢，行程規畫時要多留點時間，不要趕行程，一個小村落待上半天也沒問題。

利克蘇里

Lixouri

凱島第二大城，這裡較寧靜旅客可以更加放鬆，同樣擁有迷人而風景如畫港口，房子的顏色繽紛亮麗，靠近港口的大廣場是日常生活和娛樂的中心。

➡公共渡輪：從阿爾戈斯托利港口出發約20分鐘可到達，車子也能開上渡輪。

阿索斯

Assos

馬蹄形的海港，周圍環繞著翠綠的松樹和柏樹森林，以及愛奧尼亞海清澈湛藍的海水，成為絕佳的拍攝取景地。一走進，彷彿來到隱居之地，時間放慢了許多。

15 世紀末，威尼斯軍隊修建了一座城堡，以保護居民免受海盜襲擊。1953 年地震後，法國人協助重建村莊，由於這個原因，該廣場被命名為巴黎廣場，並豎立一座紀念碑。

➡從首都出發開車約50分鐘

菲斯卡爾多漁村

Fiskardo

傳統的港口長廊開設了各具特色的餐廳、小酒館和紀念品商店，小巧迷人的濱水區，停滿了傳統漁船、高級豪華帆船和遊艇，整個漁村相當迷你可愛。

➡從首都出發開車約70分鐘

很適合什麼都不做，就在這裡待上一整天

梅麗薩尼洞

Melissani Cave

位於東北海岸的地下湖洞穴，形成於遠古時期，1953 年凱島上的一場 5.8 級地震，讓這座洞穴的頂部坍塌，露出了底部的湖泊，並開始為世人所知。中午時分，陽光就像透視鏡，直射在長約 160 公尺，寬約 35 公尺水面上，湖水沒有一點雜質，清澈見底變成不真實的綠松石色，湖水就像鏡面，船彷彿漂浮在鏡面上。

有勇氣的話沾一口湖水，會發現它鹹鹹的，成分是 60%鹽水和 40%淡水，來自西半部 15 公里遠的卡塔沃特雷斯 (Katavothres) 的海水，經過梅麗薩尼湖洞穴後，再次流向大海。

$全票單張8歐元 ➡從Sami Harbor出發開車約10分鐘可到達

船夫將帶您遊覽約15分鐘，簡短介紹這洞穴，並告訴您最佳拍照位置

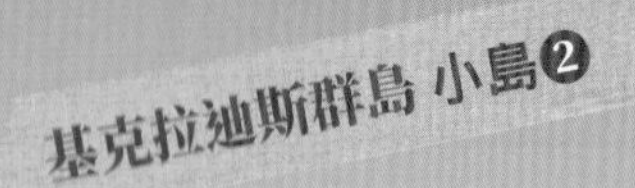

札金索斯

Ζάκυνθος/Zakynthos

無敵海景征服你我的心

威尼斯人於1484～1797年統治期間，稱該島為「東方之花」(Fioro di Levante)。島上有7,000多種花卉，大自然資源相當豐富，地勢較平緩，適合橄欖、葡萄(著名的品種是Verdea)等農業生產，熱愛大自然的旅人絕不可錯過。

隨著韓劇《太陽的後裔》熱播，美麗面紗深植亞洲人的心，但這裡早就是歐洲年輕人夏日放逐自我的好去處，翻山越嶺去看碧綠海水，以及瘋狂無極限的夜生活，都吸引他們的到來。

札金索斯地圖

交通資訊

- **開車或公共巴士＆渡輪**：從雅典出發，您可以乘坐KTEL巴士或汽車到基利尼港口(Kyllin)轉搭渡輪到扎金索斯港口(Port of Zakynthos)，車程約5小時＋船程約1.5小時。

➲巴士時刻表請搜尋：Ktel zakynthos

- **飛機**：從雅典(ATH)直飛扎島機場(ZTH)約1小時。

島上交通

- **開車**：島上的景點皆有些距離，開車移動方便許多。但是上下坡多，沒有護欄需要小心駕駛。
- **公共巴士**：價格便宜雖然便宜但班次不多，也沒有到經典景點。
- **計程車**：計程車熟門熟路，整日包車遊玩相較輕鬆便利，不過要注意，計程車集中在市區，離市區越遠越不容易叫車。

札金索斯的小村莊

扎金索斯鎮
Zante town
歷史與美景盡收眼底

1953年被地震摧毀，重建之後成為一座現代化的城市，這裡也是島上的生活圈，適合逛街購物、喝咖啡聊是非，同時也是觀光客買紀念品的好地方。看看當地人超愜意悠閒的生活模式，下午商店普遍都午休，直到傍晚再度營業到晚上。

扎金索斯鎮必做3件事

必做1 參觀所羅門廣場 (Solomos Square)

中央站立的是民族詩人迪奧尼西歐斯．所羅莫斯 (Dionysios Solomos，希臘的官方國歌前兩節創作者)，後方建築物是拜占庭式博物館，陳列著一些珍貴收藏，例如鑲有黃金的雕像，聖像和藝術木雕刻。

必做2 參觀聖尼古拉奧斯．莫洛斯教堂 (Church Agios Nikolaos of Molos)

1561年建造，是廣場上最古老的威尼斯建築，也是唯一在1953年大地震和火災中倖存下來的建築。

必做3 到博海利 (Bochali) 欣賞扎金索斯鎮和愛奧尼亞海的美景

距離扎金索斯市中心1公里的一座小山上的觀景點，可以一覽整個小鎮濱海風景。

來扎金索斯鎮，吃什麼？

相較其他島，這裡的物價算親民。喜歡吃海鮮拼盤的，在這裡吃真的很划算，這裡也有越來越多現代新潮店，不想再吃希臘餐的話，也很多好選擇。

餐廳三大選擇要點

1. 海港第一排，大多以海鮮料理為主打，餐廳裝潢也都走向海軍風。
2. 廣場巷弄裡，傳統料理為主要賣點，物美價廉。
3. 鄰近的景觀餐廳，地勢較高海景或是城鎮夜景一覽無遺。

島上最潮聚會熱點

Madisons Kitchen Cafe Bar

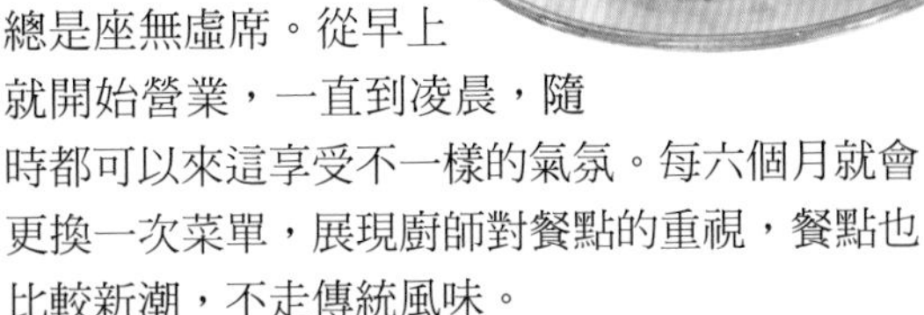

超新潮的裝潢風格，一開幕就成為打卡名店，是當地許多年輕人的聚會熱點，經過總是座無虛席。從早上就開始營業，一直到凌晨，隨時都可以來這享受不一樣的氣氛。每六個月就會更換一次菜單，展現廚師對餐點的重視，餐點也比較新潮，不走傳統風味。

➡從Solomos Square出發走路約5分鐘

CP值高美味海鮮

Thymalos

座落在在沿海大街上，用船舵、麻繩、鐵鍋、空酒瓶裝飾，相當有風格的一家店。主打海鮮類料理，燉飯、炸花枝、海鮮義大利麵都是很優的選擇，價格相當親民，點餐時最佳搭檔就是當地產的白酒，口感不酸澀，相當好入口。

➡從Solomos Square出發走路約8分鐘

海味滿滿服務熱情

Spartakos Taverna Zakynthos

被 Zanteisland.com 評選為扎金索斯鎮優質晚餐的最佳選擇。家庭經營的海鮮餐廳，每一口都散發大海的鮮味，老闆娘親自上陣掌廚，熱情的老闆則穿梭在客人間招呼，老闆對中華文化很有興趣，看到亞洲遊客就想學幾句中文，也是種文化交流。

➡從Solomos Square出發走路約10分鐘

夜晚來小露台當 Yia Yia

Base

來到小廣場的小酒吧，點一杯雞尾酒，跟著專業 DJ 播放的 Lounge Music 搖擺，是當地人夜晚的最佳選擇。兩層樓的建築物可以近距離觀察廣場上行人的一舉一動，當地人稀少，因此彼此都知道誰是誰，坐在露臺第一排，可以像希臘阿嬤 (號稱人體監視器) 一樣，觀察島民生活，別有一番趣味。

➡從Solomos Square出發走路約2分鐘

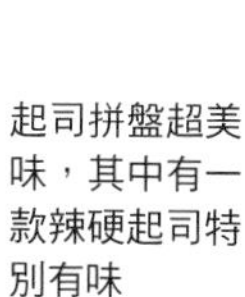

起司拼盤超美味，其中有一款辣硬起司特別有味

扎金索斯島遊玩心法三部曲

扎金索斯島沒有過度開發，景點都是自然風光為主，沿著公路觀賞天然岩石的海岸線，無論東岸或西岸都有許多迷人的祕境景色。安排時可以輕輕鬆鬆在各景點都停留一小段時間，在最佳時刻去對的地點耍廢一番。

Step 1 睡到自然醒，享用完早午餐後，到海邊曬太陽

島上超過 50 多處適合玩水的地方，少不了長長細沙類型的玩水海灘，例如：Laganas beach 和 Porto Zorro beach，也有比較有特色的 Porto Limnionas beach，是一個 U 形海灣巨大岩石的海邊，需要有勇氣跳水潛入清澈的海水中。

Little Xigia Beach
迷你系隱密海灘

若想找特色沙灘，私心推薦 Little Xigia Beach，相當小巧隱身鬱鬱蔥蔥的綠色岩石下，走一段路才會看見金色的沙灘和水晶般閃耀的深水。因附近的洞穴開採著硫磺，水質帶有點混混的金色，以及淡淡的氣味，硫磺浴對皮膚有易處，可以使皮膚光滑，據說也可治療身體疼痛，當地人將其稱為天然溫泉。

➡開車：從市區出發約40分鐘可到達

Step 2 曬完太陽玩完水後，找個地方喝杯飲料好好歇息，欣賞夕陽美景

西岸有不少可以看夕陽的景觀餐廳，包括 Porto Schiza Attraction、Keri Lighthouse Restaurant 都是很棒的選擇。

幾塊白布隨著微風吹拂，美好景色，讓人忘卻一切煩惱

Cameo Island
祕境桃花源結婚聖地

1633 年地震後，今天所見的小島形成了，島主相當聰明，在這打造一座宛如與世隔絕的秘密基地，不走進去不會知道裡面藏著什麼美景，許多觀光指南中都標明了，這裡是不容錯過的地方。

$入場費每人5歐元 ➡開車：從市區出發約20分鐘可到達

對面的馬拉松尼島(Marathonisi island)，現在是島嶼海龜繁殖的地區之一

Step 3 充電後繼續瘋狂到深夜

喜歡派對就到拉加納斯 (Laganas)，滿街都是 Club，白天像空城一般的街道，夜晚大批人潮整裝好紛紛出籠。許多夜總會會播放驚天動地的音樂，消費便宜，不定期有主題派對，吸引來自世界各地年輕人，但血氣方剛，常常有打架事件，還是要小心一點。

酒莊買醉趣

希臘的葡萄酒主要產區分佈在地中海沿岸，因此許多小島上擁有眾多的酒莊。了解希臘葡萄酒最直接的方式就是參訪這些酒莊。希臘大部分的酒莊都是家族經營的事業，許多擁有百年歷史，代代相傳，傳承著引以為傲的葡萄酒製作技藝。

雖然這些酒莊未必是世界知名的，但由於生產量較少，販售對象也相對小眾，使其葡萄酒不容易在市面上找到。因此，在遊玩時將酒莊納入行程中，絕對是一個相當值得推薦的選擇。

這裡的生長條件包括崎嶇的山脈、肥沃的土壤和涼爽的海風，這樣的環境為希臘提供了優質的葡萄酒。其中，最著名的是維迪亞葡萄酒 (Verdea)，釀造過程採用 Robola、Skiadopoulo、Katsakoulis 和 Pavlos 等多種葡萄品種。這款白葡萄酒以清新的酸度和濃郁的口感著稱。此外，充足的陽光保證了該地區所有的葡萄都能充分成熟，味道更加濃郁，這成為希臘葡萄酒的獨特特色。

1.牆上閃閃發亮是葡萄酒發酵後留下來的糖結晶／2.增添葡萄酒香氣的幕後功臣／3.試飲區也佈置得很有鄉村風／4.大家最期待的部分莫過於試飲／5.在地窖中徘徊，並探索裝滿回憶的葡萄酒瓶

Callinico Winery museum
百年歷史酒莊巡禮

自 1918 年在卡利帕多村（Kallipado）成立以來，Callinico 酒莊已經傳承至第三代，一直致力於生產優質的扎金索斯葡萄酒。至今，他們仍然以奉獻和熱愛的精神，持續著他們的工作，傳承著引以為傲的葡萄酒製作傳統。在當地朋友特別推薦參觀這座小酒莊。

參訪最精采的部分便是業主訴說著自己祖先釀造的故事，釀酒師詢問參觀者的喜好後提供他最自豪的品項。

➡從市中心開車約15分鐘可到達

參觀酒莊注意事項

1. 家族經營酒莊參訪建議打電話或網站上預約。
2. 酒莊參訪或試飲，有些需要費用有些則免費，請先上網查詢。
3. 葡萄採收的 9 ～ 10 月造訪，有機會看到採收的畫面，但酒莊會特別忙碌，可能服務會較不周全。

Navagio Beach
希臘最狂海景絕對讓你美哭

這處被譽爲世界最美的海灘，位於一個孤立的小灣，被高高的石灰岩懸崖所環繞。其中一些懸崖高聳入雲，達到 200 公尺，形成壯麗的景象。海水的透明度讓人嘆爲觀止，船隻彷彿浮在一面鏡子上，而藍色的海洋更是無與倫比的燦爛。陡峭的白色懸崖、碧綠的海水、細白的沙灘，再加上擱淺的舊船，共同營造出一幅如同上帝的佳作。

交通指引

海灘

- **搭船近看**：最常使用的搭船口是 Agios Nikilaos，出發前務必問清楚搭船處
- **船班資訊請搜尋**：Theodosis Cruises、Porto Vromi Maries、Potamitis Brother，建議先上網預約，或可到比價網比價後再決定。

http www.viator.com

注意事項

1. 風浪大時，有時甚至不允許靠近，出發當天請向船公司確認。
2. 在海灘上的懸崖坍塌掉了大量岩石後，該海灘於 2023 年開始禁止上岸，只能遠觀。
3. 建議參加當地 One Day tour(鎮上有許多店家販售，可現場比較後再決定)，方便輕鬆很多。

知識充電站

關於 Navagio beach 的小故事

這片海灘最初被稱為 Agios Georgios。然而，在 1980 年 10 月，一艘名為 Panagiotis 的走私船，載滿約 2,000 盒香煙，價值約 3,000 萬德拉克馬斯，在遇到壞天氣後發生船難，最終擱淺在這裡。在極短的時間內，沙灘上堆積了沙子，形成了一片極為潔白的沙灘。由於這起沉船事件，海灘也因此更名為 Navagio，希臘語中的意思是沉船。

觀景台高處眺望

一定要來到海岸上方才能看清整個樣貌，開車前往觀景台的路沒有圍欄，又有許多路段狹小，有機會與巴士會車，路況不佳務必小心。

➡Google搜尋：Navagio Beach Viewpoint。

搭船時最有趣的就是穿梭海蝕洞，船長技術高超

出海的途中，會經過藍洞(Blue cave)這種美會讓人想尖叫

拍攝的最佳時刻，建議在中午過後到夕陽之前，超美色澤才會出現

最好的拍照角度完全沒有圍欄，曾有遊客發生意外，行走時請務必非常小心

希臘基本交通

從台灣出發到希臘目前並無直航班機，都需要轉機。通常可以飛往首都雅典埃萊夫塞里奧斯．韋尼澤洛斯國際機場，機場代碼 ATH，或是北方第二大城塞薩洛尼基馬其頓國際機場，機場代碼 SKG。如果想一次玩透希臘本島南北的重要景點，最好的方式可以走雙點進出的安排，如果著重在希臘小島的遊玩，就以雅典進出為選擇最方便。

航空公司比較

以下是飛往希臘最常利用的航空公司，所做的分析比較。

◎土耳其航空 (TK)

首推的航空公司，雅典與塞薩洛尼基兩個大城市都有飛，在伊斯坦堡機場轉機時間也比較短，也是飛往希臘最熱門的選擇。

◎阿聯酋航空 (EK)

經過杜拜轉機飛往雅典，而飛往杜拜的航段，多是使用空中巨無霸 A380 的機型，機場餐飲購物都很齊全，轉機時間長也不無聊。

航空公司比較表

航空公司	飛行時間	轉機等待時間與次數	餐飲與服務
最方便 **土耳其航空(TK)**	去程約16小時 回程約15小時	約2～3小時 1次	有特製的檸檬汁、酸奶，座位比較舒適
最氣派 **阿聯酋航空(EK)**	去程約20小時 回程約18小時	約5～6小時 1次	飲料選擇非常多，座位較寬，螢幕也比較大
最親切 **卡達航空(QR)**	去程約21小時 回程約20小時	約4～5小時 2次	空服員服務親切又貼心，舒適度佳
票價最低 **酷航(TR)**	去程約22小時 回程約21小時	約6～8小時 1次	廉價航空。飛機上所有服務及餐飲都需要額外付費，沒有個人電視螢幕

雅典國際機場到市區 Easy go

機場距離市區約 33 公里，有大眾交通可以抵達雅典市區、長途巴士總站或港口，可利用的交通方式有以下。

◎巴士

1. 單程票價 5.50 歐元，兒童、青少年和 65 歲以上 2.70 歐元。
2. 共有 4 條路線，搭乘位置在出口 4 ～ 5 之間。

   X93 → Kifisos，長途巴士總站，車程約 65 分鐘。

   X95 → Syntagma Square，市區中心，車程約 60 分鐘。

   X96 → Piraeus，小島港口，車程約 90 分鐘。

   X97 → ELLINIKO metro station，郊區海邊，車程約 45 分鐘。

◎地鐵

1. 搭乘 M3 藍線直達 Syntagma Square，時間約 45 分鐘，車廂內扒手多，請務必看好行李。
2. 單程票價 9 歐元，兒童、青少年、65 歲以上 4.5 歐元。來回票價 16 歐元。
3. 售票機購票步驟如下：

   「Buy Travel Product」→「Athens Area」→依需求選擇「單程、一日券、五日券等」。

◎計程車

搭乘位置在出口 2 ～ 3，從機場到雅典市中心，白天費用 (05:00 ～ 24:00) 約 40 ～ 45 歐，夜晚加乘費用 55 ～ 60 歐。

http www.athensairporttaxi.com

◎預約接送

提供這類服務的公司很多，建議在出發前 1 ～ 2 天上網預訂，搜尋 Athens Taxi 或 welcome pickups，司機會在接機大廳舉牌等候。

◎租車

櫃檯在出口 3 ～ 4，可在網路上利用 Rentalcars 租車網比較價格與車款，再選擇租車公司。租車時最需要注意就是保險內容，以及超過多少公里數後是否需要加價。另外，記得攜帶國際駕照和本國駕照。

◎雅典機場提供的服務

1. 旅行諮詢櫃檯有販售船票、機票與 Tour 行程。
2. 販售網卡。
3. 行李寄放。
4. 手推車借用，需要付費。

行程規畫前須知

在安排希臘的旅遊行程時，要先把過往安排旅遊概念歸零，因為希臘旅遊是一條沒有規則的路線，比較像是組合模型。首先，你可以想一想哪個景點一定要去、扣除飛行時數真正旅遊天數有幾天，還要想想要使用什麼交通工具，搭船或搭飛機，搭乘巴士、火車或是自駕。以上這些初步概念，當然也會影響旅遊預算。

希臘旅遊行程規畫重點

POINT 1　建議同一個群島安排一起玩。

POINT 2　小島之間普遍不對飛，通常要回雅典轉機，因此往返小島中間多利用船來移動。

POINT 3　船票是固定價格，一般會在東正教復活節(日期每年不定，大約會在4月中左右)，會有較完整的船班資訊。

POINT 4　小型快船座位較少，屬於對號座位，若已確定要坐這班船即可預訂，若還在猶豫則可以關注剩餘座位數，再決定購買時機，大型船非對號座則視情況，通常前一天或當天現場再訂購也可以。

POINT 5　希臘國內機票是浮動價格，也會不定時促銷。但因為大部分機型偏小、座位少，建議接近出發日時要先訂票。

POINT 6　希臘旅行行程最容易受到影響有幾個原因：1. 罷工，通常前幾天會有預告。2. 天氣影響，例如：強風時船班或飛機會停駛(通常當日才會宣布)或延長搭乘時間；遇到暴雨時，洪水影響陸上交通，會需要更改路線。若遇到變天，出發前務必確認大眾交通工具的行駛狀況。

POINT 7　旅行時會遇上千變萬化的狀況，與其知道別人的經驗，更要思考的是，發生狀況時該如何處理，做好風險管理。

最適合遊玩的季節

常常有人問什麼時候去希臘玩最好？希臘的旅遊淡旺季分明，每個時節都有不一樣的味道，可依個人喜好做選擇。首都雅典較無淡旺季之分，小島則因天氣狀況每個月實況不同，以下依據經驗分析，幫助你找到最適合你的旅遊季節。

月份	熱門小島旅遊概況
最佳時機 **5中～9月**	1. 價格最貴，越熱門的飯店越要提早訂 2. 人聲鼎沸，氣氛熱鬧，商店正常營業 3. 5月中後進入花季，九重葛正盛開，大部分都是大晴天。日照時間長，太陽光強，遊玩的時間增加
CP值較高 **4月、10月**	1. 飯店價格大約是旺季7～8折 2. 人潮適中，餐廳和商店部分營業 3. 船班、飛機班次增加，選擇變多一些 4. 天氣稍不穩定，風強時船搖晃大容易暈船，船速減慢交通時間延長
較不適合旅遊 **1～3月、11～12月**	1. 飯店選擇少，價格大約是旺季6～7折 2. 人潮少悠閒寧靜，商店和餐廳大部分都不營業 3. 船班、飛機班次少，交通不方便

置身於天堂，好好放空或許也是種選擇

5月底6月初，花最盛開

經典路線懶人包

以下行程，提供規劃路線的概念，行程較滿，若想玩得悠閒點，可再多增加 2~3 天的時間。

11天10夜 最道地的觀光客行程

DAY 1 雅典 (Athens) ➜ 阿拉霍瓦 (Arachova) ➜ 卡蘭巴卡 (Kalambaka)

09:00 雅典國際機場 (ATH)

(抵達機場後，辦理租車手續)

10:30 租車公司出發

開車約2小時 ↓

12:30 抵達阿拉霍瓦 (Arachova)

(安排2.5小時)

- 觀光 - 山城漫步 (見 P.80)
- 午餐 - 景觀餐廳享用山城料理

開車約3.5小時 ↓

18:30 卡蘭巴卡 (Kalambaka)

(安排2.5小時)

- 觀光 - 小鎮商店開很晚，到處逛
- 晚餐 - 景觀餐廳享用山城料理

DAY 2 卡蘭巴卡 (Kalambaka) ➜ 梅提歐拉 (Meteora) ➜ 基利尼 (Kyllini)

08:40 卡蘭巴卡 (Kalambaka)

開車約5～10分鐘 ↓

09:00 梅提歐拉 (Meteora) 參觀修道院

(安排5.5小時)

- 觀光 - 安排 2 ～ 3 座修道院入內參觀，參觀完後觀景巨石群上拍照 (見 P.90)
- 午餐 - 巨石景觀餐廳

吃完午餐後

開車約5小時 ↓

20:30 基利尼碼頭 (Kyllini)

船程約1.5小時 ↓

22:15 扎金索斯港口 (Port of Zakynthos)

DAY 3 扎金索斯島 (Zakynthos)

09:00 博海利 (Bochali)

(安排15分鐘)

- 觀光 - 俯瞰扎金索斯鎮 (Zanta Town)

↓

10:15 希吉亞海灘 (Xigia Beach)

(安排30分鐘)

開車約15分鐘 ↓

11:30 聖尼古拉斯港口 (Agios Nikolaos Harbour)

(安排3小時)

- 觀光 - 搭船出海 (見 P.233)
- 午餐 - 海景餐廳

開車約30分鐘 ↓

15:30 沉船灣 (Navagio Beach Viewpoint)

(安排1小時)

- 觀光 - 美哭的海

開車約1小時 ↓

17:00 卡梅奧島 (Cameo Island)

(安排1小時)

開車約10分鐘 ↓

18:30 拉加納斯 (Laganas)

DAY 4 扎金索斯島 (Zakynthos) ➠ 雅典 (Athens)

09:45 扎 金 索 斯 港 口 (Port of Zakynthos)

船程約1.5小時 ↓

11:30 基利尼碼頭 (Kyllini)

開車約4小時 ↓

16:00 雅典 (Athens) 市中心

- 觀光 - 憲法廣場周圍閒逛
- 晚餐 - 衛城景觀餐廳

DAY 5 雅典 (Athens) ➠ 聖托里尼島 (Santorini)

08:00 租車公司還車

(辦理手續約40分鐘，包含機場接送)

↓

08:45 雅典國際機場 (ATH)

(辦理手續約30分鐘，預計搭10:30左右的飛機)

搭國內段飛機約1小時 ↓

11:30 聖托里尼機場 (JTR)

車程約15分鐘 ↓

12:00 黑沙灘 (Kamari beach)

(安排2.5小時)

- 觀光 - 海邊踏浪＋曬太陽
- 午餐 - 海景餐廳

車程約10分鐘 ↓

15:00 皮爾戈斯 (Pyrgos)

(安排1.5小時)

- 觀光 - 山城漫步

車程約10分鐘 ↓

17:00 酒莊

(先預約安排1小時)

- 觀光 - 美景配聖島當地葡萄酒

車程約10分鐘 ↓

18:30 費拉 (Fira)

- 觀光 - 夕陽美景＋我的希臘婚禮秀 (My Greek Wedding Show)
- 晚餐 - 海景餐廳

DAY 6 聖托里尼島 (Santorini)

10:30 梅加洛克霍里 (Megalochori)

(安排30分鐘)

- 觀光 - 聖托里尼之心 (The Heart of Santorini)

車程約20分鐘 ↓

11:30 阿克羅蒂裡 (Akrotiri)

(安排30分(安排2.5小時)鐘)

- 觀光 - 紅沙灘 (Red Beach) ＋希臘龐貝城之稱的考古遺址
- 午餐 - 海景餐廳

車程約45分鐘 ↓

15:30 伊亞 (Oia)

(安排5.5小時)

- 觀光 - 網美打卡點＋阿莫迪灣 (Ammoudi Bay) ＋全世界最夢幻夕陽 (見 P.103)
- 晚餐 - 海景餐廳 or 經濟實惠的街頭料理

DAY 7 聖托里尼島 (Santorini)

09:00 伊莫洛維利 (Imerovigli)

(安排5小時)

- 觀光 - 健行到費拉 (Fira)(見 P.110)
- 午餐 - 巷弄美食

↓

15:00 找間咖啡廳放空或參加夕陽遊艇 (Sunset Cruise)

(安排5小時)

DAY 8 聖托里尼島 (Santorini) ➡米克諾斯島 (Mykonos)

09:00 碼頭搭船

船程約3小時 ↓

12:00 米克諾斯新港 (Mykonos New Port)

車程約10分鐘或
公共汽船約8分鐘 ↓

12:30 市中心 (Chora)

(安排3.5小時)

- 觀光 - 巷弄迷走
- 午餐 - 海景餐廳

車程約15分鐘 ↓

16:30 天堂海灘 (Paradise Beach)

(安排1.5小時)

- 觀光 - 享受最熱情的太陽

↓

19:00 市中心 (Chora)

- 觀光 - 小威尼斯看夕陽
- 晚餐 - 巷弄餐廳

DAY 9 米克諾斯島 (Mykonos)

10:00 市中心 (Chora)

(安排5小時)

- 觀光 - 風車群+棉花糖教堂 (Panagia Paraportiani) 教堂 (見 P.130)
- 午餐 - 海景餐廳

車程約10分鐘 ↓

16:00 奧諾斯海灘 (Ornos Beach)

(安排4小時)

- 觀光 - 放空
- 晚餐 - 海灘餐廳

DAY 10 米克諾斯島 (Mykonos) ➡雅典 (Athens)

08:00 米克諾斯機場 (JMK)

搭國內段飛機約1小時 ↓

10:00 雅典國際機場 (ATH)

搭X95約1小時 ↓

11:30 雅典市中心 (Athens)：普拉卡 (Plaka) +蒙納斯提拉奇 (Monastiraki) +普西里 (Psyri)

(安排4小時)

- 觀光 - 漫步在雅典普拉卡區路線二 (見 P.58)
- 午餐 - 傳統希臘餐

↓

17:00 雅典衛城 (Acropolis of Athens)

(安排1.5小時)

- 觀光 - 預約參觀衛城 (見 P.42)
- 晚餐 - 米其林料理

DAY 11 雅典 (Athens) ➡回國

09:30 科羅納基 (Kolonaki)

(安排1.5小時)

- 觀光 - 觀光 - 利卡維多斯山丘 (Mount Lycabettus)

車程約10分鐘 ↓

11:30 憲法廣場 (Athens Syntagma Square)

(安排5小時)

- 觀光 - 漫步在雅典路線一 (見 P.54)
- 午餐 - 異國料理

搭地鐵約1小時 ↓

18:30 雅典國際機場 (ATH)

12天11夜 意猶未盡想征服更多小島

去過希臘就愛上，還想看更多不一樣希臘風情，第二趟可以規劃這條路線。

DAY 1 雅典 (Athens) ➡ 羅德島 (Rhodes)

09:00 雅典國際機場 (ATH)

(拿完行李出關後，直接轉國內線，轉機時間保留2.5小時左右)

搭國內段飛機約1小時 ↓

12:30 羅德島機場 (RHO)

車程約30分鐘 ↓

13:30 舊城區 (Rhodes Old Town)

(安排4.5小時)

- 觀光 - 舊城區追尋騎士團輝煌腳步 (見 P.207)
- 午餐 - 樹蔭下庭園餐廳

走路10分鐘 ↓

18:30 新城區 (Rhodes New Town)

(安排2.5小時)

- 觀光 - 時尚街區逛大街
- 晚餐 - 港邊餐廳吃異國料理

DAY 2 羅德島 (Rhodes) ➡ 錫米島 (Symi) ➡ 羅德島 (Rhodes)

09:00 參加錫米島一日遊 (Symi One Day TOUR)

船程約1.5小時 ↓

10:30 錫米島主港口 (Symi)

(安排4小時)

- 觀光 - 港邊散步 (見 P.221)
- 午餐 - 吃當地特色料理

↓

14:30 錫米島主港口 (Symi)

船程約50分鐘 ↓

15:20 帕諾米蒂斯港口 (Symi Panormitis)

(安排50分鐘)

- 觀光 - 島上最重要的教堂

船程約1.5小時 ↓

19:00 舊城區 (Rhodes Old Town)

- 晚餐 - 巷弄飄香美食

DAY 3 羅德島 Rhodes ➡ 克里特島 (Crete)

09:00 前往林多斯 (Lindos)

車程約75分鐘 ↓

10:30 林多斯衛城 (Lindos Acropolis)

(安排5小時)

- 觀光 - 參觀衛城＋巷弄迷走 (見 P.215)
- 午餐 - 山城景觀餐廳

車程約75分鐘 ↓

17:00 羅德島機場 (RHO)

搭國內段飛機約1小時 ↓

19:00 克里特島伊拉克利翁機場 (HER)

車程約15分鐘 ↓

19:00 伊拉克利翁市中心 (Heraklion)

- 觀光 - 夜遊越晚越迷人城區
- 晚餐 - 當地人氣餐廳

DAY 4 行程 1 克里特島 (Crete)

09:00 前往哈尼亞 (Chania)

車程約2個半小時 ↓

11:30 哈尼亞 (Chania)

(安排5小時)

- 觀光 - 舊威尼斯港灣 (Old Venetian Harbour) (見 P.200)
- 午餐 - 街頭快餐
- 晚餐 - 當地人氣餐廳

DAY 4 行程 2 克里特島 (Crete)

08:00 前往巴洛斯海灘 (Balos Beach)

車程約2小時 (進入海灘的路況很差小心駕駛) ↓

10:00 巴洛斯海灘 (Balos Beach)

(安排1.5小時)

- 觀光 - 絕美潟湖沙灘
- 午餐 - 自備食物，鄰近餐廳少

車程約2小時 ↓

14:00 埃拉福尼西海灘 (Elafonissi Beach)

(安排2小時)

- 觀光 - 島上最有人氣沙灘
- 下午茶 - 鄰近海景餐廳

車程約2小時 ↓

18:00 哈尼亞 (Chania)

- 晚餐 -500 年貴族豪宅餐廳

DAY 5 克里特島 (Crete)

09:00 前往伊拉克利翁 (Heraklion)

車程約2小時 ↓

11:00 克諾索斯皇宮 (Knossos Palace)

(安排1小時)

- 觀光 - 克諾索斯皇宮 (見 P.194)

車程約20分鐘 ↓

12:30 伊拉克利翁市中心 (Heraklion)

(安排6小時)

- 觀光 - 漫步在伊拉克利翁 (Heraklion)(見 P.188)
- 午餐 - 魚市場海鮮餐
- 晚餐 - 傳統咖啡館 (Kafeneio)

DAY 6 克里特島 (Crete) ➡ 帕羅斯島 (Paros)

08:00 前往帕羅斯島 (Paros)

船程約5個半小時 ↓

14:00 帕羅斯島碼頭 (Paros Ferry)

車程約20分鐘 ↓

14:30 納烏薩 (Naousa)

(安排5小時)

- 觀光 - 迷走小漁村 (見 P.155)
- 晚餐 - 傳晚餐 - 現代料理餐

DAY 7 帕羅斯島 (Paros) ➡ 安提帕羅斯島 (Antiparos) ➡ 帕羅斯島 (Paros)

09:00 龐達碼頭 (Pounda)

船程約7分鐘 ↓

10:00 安提帕羅斯島 (Antiparos)

車程約15分鐘 ↓

10:30 安提帕羅斯島洞穴 (Cave of Antiparos)

(安排45分鐘)

- 觀光 - 歐洲最古老的鐘乳石洞穴

車程約15分鐘 ↓

12:00 安提帕羅斯島鎮中心

(安排3小時)

- 觀光 - 步行遊覽小街區 (見 P.161)
- 午餐 - 溫馨小餐館

船程約7分鐘 ↓

15:30 前往帕羅奇亞 (Parikia)

(安排4小時)

- 觀光 - 首府漫遊 (見 P.151)
- 晚餐 - 海濱景觀餐

帕羅斯島 (Paros) ➡ 米洛斯島 (Milos)

10:30 傳統小村莊

(安排6小時)

- 觀光 - 萊夫克斯 (Lefkes) → 馬爾皮薩 (Marpissa) → 皮索利瓦迪 Piso Livadi

18:35 帕羅斯島碼頭 (Paros Ferry)

船程約2小時 ↓

20:35 米洛斯島 (Milos)

米洛斯島 (Milos)

09:30 薩拉基尼科海灘 (Sarakiniko Beach)

(安排3小時)

- 觀光 - 地表最像月球的沙灘
- 午餐 - 自備食物，入口處有小餐車

車程約15分鐘 ↓

13:00 菲羅波塔莫斯 (Firopotamos)

(安排40分鐘)

- 觀光 - 熱門打卡小漁村

車程約15分鐘 ↓

14:00 普拉卡 (Plaka)

(安排2小時)

- 觀光 - 探索首府 (見 P.168)

車程約5分鐘 ↓

16:15 特里皮蒂 (Tripiti)

(安排1小時)

- 觀光 - 島上兩大重要遺址 (見 P.170)

車程約10分鐘 ↓

18:00 克利馬 (Klima)

(安排30分鐘)

- 觀光 - 島上規模最大、最著名的傳統漁村
- 晚餐 - 村落在地傳統料理

DAY 10 米洛斯島 (Milos)

09:00 阿達瑪斯碼頭 (Adamantas)

(安排9小時)

- 觀光 - 體驗富豪遊艇一日遊 (見 P.122)
- 晚餐 - 港邊人氣海鮮餐

DAY 11 米洛斯島 (Milos) ➡ 雅典 (Athens)

09:30 波羅尼亞 (Pollonia)

(安排1小時)

- 觀光 - 悠閒散步

車程約5分鐘 ↓

10:45 帕帕弗拉加斯 (Papafragas Caves)

(安排30分鐘)

- 觀光 - 海蝕峭壁

車程約15分鐘 ↓

11:45 阿達瑪斯 (Adamantas)

(安排4小時)

- 觀光 - 巷弄漫步 (見 P.165)

15:50 阿達瑪斯碼頭 (Adamantas)

船程約3個半小時 ↓

19:30 比雷埃夫斯港口 (Piraeus)

搭地鐵M1約30分鐘 ↓

20:30 雅典市中心

雅典 (Athens)  回國

遇上突發狀況不慌張

希臘旅遊相較其他熱門觀光地來說，安全性還算不錯，唯一讓人煩惱的，就是大眾交通工具上的變動須特別留意，要先了解好各種狀況，遇到時才不會亂了行程。

交通工具停駛

希臘旅行最怕遇到天氣影響以及罷工，影響交通工具的搭乘，以下是有可能遇上的狀況與解決方式。

◎船或飛機罷工停駛

要從雅典移動到小島，就需要搭船或搭機，而有可能會遇上的臨時狀況就是罷工。例如船員罷工船班不開，可以查詢是否有機票可買，機場罷工則是轉去坐船，先安排好交通，再去處理換票或退票。

◎大眾交通罷工停駛

首若是內陸旅行遇到大眾交通工具取消或罷工，若有帶齊可租車的證件，可立刻上網預訂租車自駕。另一個方式是，參加當地 Tour 或找合法的包車司機(建議請飯店員工推薦最方便)。

不論是哪種交通工具停駛導致你無法如期抵達預定飯店，可以試著詢問可否在一個期限內保留住宿，或是少收一點費用，並且要記得留存交通工具無法行駛的證明，若有保旅遊不便險，會需要用到。

護照遺失

按照步驟處理，補辦臨時返國文件，即可返國。

◎補辦臨時護照 Step by Step

1. 請先打電話到駐希臘台北代表處預約申辦時間。
2. 申辦臨時護照需要兩張大頭照，若沒照片先去照相館拍(兩吋照)，需等待一小時左右，Googl Map 上搜 Photography service。
3. 去警察局報案，向警方提供身分證明文件(請在旅遊出發前，將護照用手機拍照存檔備用)，取得報失證明文件。大約需花費一小時左右，視人潮多寡。
4. 準備好上述證明文件，到代表處辦理申辦臨時護照，規費 9 歐元(僅收現金請自備零錢)，需一日工作天。其他詳情請詢問代表處。

雅典觀光警察局 (Tourist Police of Athens)

Ξενοφώντος 14, Αθήνα 105 57
+30-210-3315905
地鐵2號線Πανεπιστήμιο(Panepistimio)站下車，出站後走路3分鐘可到達

駐希臘台北代表處 (Representative Office of Taipei in Greece)

57, Marathonodromon Avenue, 15452 Paleo Psychico, Athens
+30-210-6776750
週一～五 09:00～17:00
距離憲法廣場車程約15分鐘
六日非上班日不服務辦件

貼心提醒　緊急狀況求助電話

急難救助電話：**+30-695-1853337**

※ **非急難重大事件，請勿撥打 +30-695-1853337**

旅行基本情報

◎國名

希臘共和國 (Hellenic Republic)。

◎國旗

9 條藍白相間的平行長條線，象徵希臘獨立戰爭時的口號「不自由，毋寧死」的 9 個音節。藍十字象徵在 1821 年土耳其獨立起義之際，揮揚的白底藍十字旗。

◎面積

希臘國土面積 131,957 平方公里。劃分為 13 個大區，超過 80% 的陸地面積為山地，位於希臘北部的奧林匹斯山 (海拔 2,917 公尺) 則是希臘最高的山。

◎貨幣

使用歐元，面額越大使用越不方便。信用卡和行動支付非常普及。

◎電壓、插頭

220 伏特 (台灣為 110 伏特)，雙孔圓柱型插頭。

◎飯店設備

環保因素，大多不提供牙刷、牙膏、室內拖鞋。浴室通常只有浴缸裡有漏水孔，請將浴簾放進浴缸中。

◎住宿城市稅

2018 年 1 月 1 日起開始徵收，並根據過夜住宿的天數和住宿單位的類別計算。一星級和二星級酒店將收取 0.50 歐元，三星級酒店收費 1.50 歐元，四星級酒店收費 3 歐元，五星級酒店收費 4 歐元，若有變動以當年政府公告為準。

◎飲用水

在雅典等大城市，水龍頭打開冷水可生飲 (熱水不可)，擔心喝不習慣或是心裡有障礙還是建議買礦泉水。在小島上水龍頭的水為海水淡化，請勿生飲。

◎洗手間

公用洗手間部分需要付費，通常一人是 0.50 或 1 歐元，用完的衛生紙大多不能丟入馬桶，請丟進垃圾桶。

◎時差

夏令時間比台灣慢 5 小時，冬季比台灣慢 6 小時。

◎節期、國定假日

希臘旅遊因為有季節性 (5 ～ 10 月)，在觀光旺季觀光區不會因為國定假日而休息。

◎衣著

最適合旅遊的季節都多已穿著短袖衣物為主，太陽光強，墨鏡是必備，但早晚通常風大微涼，薄外套不可少。

季節	短袖	薄長袖	長袖	薄外套	厚外套	帽子	太陽眼鏡
春秋	★	★		★	★	★	★
夏天	★			★		★	★
秋冬			★	★	★	★	★

◎治安

希臘的治安不算太差，但觀光客多的地方小偷也多，建議不要帶太多現金，準備一兩張信用卡，錢和貴重證件物品，分散放不要全部放在同一個包包。

◎ 90 天內觀光免簽證

持台灣護照前往觀光，於 180 天內可於申根區域內停留最多 90 天免簽證，離開申根國家當日，護照須仍具有 3 個月以上之效期。

◎申根保險

台灣免持簽證就可以進入歐盟旅遊，申根保險也是非必要的入境證明。但是由於歐洲醫療費用昂貴，為保障旅遊期間自身的安全與權益，建議出發前購買申根保險。

◎小費

希臘嚴格來說沒有小費文化，想要聊表心意時這樣可以這麼做。

◎餐廳

若滿意服務生的款待，結帳時會多付 10%左右的金額當作小費。

◎飯店

大原則：一件行李小費 1 歐元，客房清理 1 ～ 2 歐元 / 天。洞穴屋階梯很多，建議一件給 5 歐元。

◎計程車

若是機場接送，大型行李偏多偏重，會建議給 5 ～ 10 歐元。

一定要學的旅遊希臘語

為服務廣大的遊客，在觀光區遇到的希臘人普遍英文都說得不錯，若要拉近和當地人的距離，下面這幾個單字學起來吧！

中文	希臘文	發音
早安	Καλημέρα	Ka-li-me-ra
午安(午後到晚上)	Καλησπέρα	Ka-li-spe-ra
晚安(睡前說)	Καληνύχτα	Ka-li-ni-hta
再見／你好	Γεία σας Γειά σου	Ya sas Ya sou
你好嗎	Τι κανείς	Ti-ka-nis
我很好	Πολύ καλά	Po-ly ka-la
是	Ναί	Ne
不是	Όχι	O-hi
謝謝	Ευχαριστώ	Ef-ha-ri-sto
不客氣	Παρακαλώ	Pa-ra-ka-lo
不好意思	Συγγνώμη	Si-g-no-mi
乾杯	Γεία μας	Ya mas
好吃	Νόστιμο	Nos-ti-mo

機場退稅 Step by Step

Step 1

抵達機場後去航空公司櫃檯 Check In 拿登機證，並跟地勤人員說要 TAX FREE。

Step 2

前往退稅櫃檯

拿著裝有退稅商品的托運行李(黏好行李貼條)或手提行李，沿著 VAT Refund 的指標去退稅。

Step 3

前往退稅櫃檯

將護照、登機證、退稅單交給海關人員，等待是否需要檢查商品。

Step 4

拿退稅單去托運行李

確認沒有問題後，海關會在每張退稅單蓋章，之後拿著退稅單去托運行李。

Step 5

領退稅金

入關檢查完護照及行李後，到 Tax Refund 櫃檯領取退稅金。

◎退稅不卡關的小撇步

雖然機場退稅有一定的標準流程，但海關的權力很彈性，因此旅客有沒有好感度就很重要，你可以這麼做：

1. 輪到你時跟海關用希臘語打聲招呼吧！
2. 將退稅資料整理整齊，讓海關好處理。
3. 整理行李時請記得退稅商品放置的地方，檢查時才不會慌亂。
4. 貴重的退稅商品建議隨身攜帶上機(除非是規定托運)，海關也較喜歡檢查這類貴重商品。

◎希臘退稅規定

1. **退稅門檻**：單店同一天結帳金額滿 50 歐元，可以詢問店家是否有「TAX FREE」(部分小型商店未加入此服務)，退稅%數採累進制，單張發票金額越高退稅額越高！
2. **退稅資格**：非歐盟成員國並持有效簽證，以及須年滿 18 歲，需在 3 個月內離開歐盟。
3. **退稅商品**：只有能親自攜帶出境的商品可以退稅，且商品必須是密封未使用過。食品及酒無法退稅。
4. **退稅必備**：請備妥填寫完整的退稅單、護照(需與退稅單上的姓名相同)、購買商品、電子機票或登機證。
5. **退稅須知**：若離開希臘後要到其他歐盟國家，則不能在希臘辦理，請在最後離開的歐盟國家出境時辦理。

世界主題之旅148

希臘雅典．愛琴海跳島之旅

作　　者　朱朱(Tomoko Chu)
總 編 輯　張芳玲
發想企劃　taiya旅遊研究室
編輯部主任　張焙宜
企劃編輯　翁湘惟
主責編輯　張焙宜
特約編輯　翁湘惟
封面設計　簡至成
美術設計　簡至成

太雅出版社
TEL：(02) 2368-7911　FAX：(02) 2368-1531
E-mail：taiya@morningstar.com.tw
太雅網址：http://www.taiya.morningstar.com.tw
購書網址：http://www.morningstar.com.tw
讀者專線：(02)2367-2044、(02)2367-2047

希臘雅典．愛琴海
跳島之旅

https://reurl.cc/QRd24p

出 版 者　太雅出版有限公司
台北市106辛亥路一段30號9樓
行政院新聞局局版台業字第五〇〇四號

讀者服務專線 TEL:（02）23672044 /（04）23595819#230
讀者傳真專線 FAX:（02）23635741 /（04）23595493
讀者專用信箱 service@morningstar.com.tw
網路書店 http://www.morningstar.com.tw
郵政劃撥 15060393（知己圖書股份有限公司）

法律顧問　陳思成律師
印　　刷　上好印刷股份有限公司　TEL：(04)2315-0280
裝　　訂　大和精緻製訂股份有限公司　TEL：(04)2311-0221

初　　版　西元2024年06月01日
定　　價　530元

(本書如有破損或缺頁，退換書請寄至：
台中市西屯區工業30路1號 太雅出版倉儲部收)
ISBN　978-986-336-506-8
Published by TAIYA Publishing Co.,Ltd.
Printed in Taiwan

國家圖書館出版品預行編目(CIP)資料

希臘雅典.愛琴海跳島之旅：衛城、中部山城、基克拉迪斯群島、多德卡尼斯群島、愛奧尼亞群島、克里特島/朱朱(Tomoko)作. -- 初版. -- 臺北市：太雅出版有限公司, 2024.06
　面；　公分. -- (世界主題之旅；148)
ISBN 978-986-336-506-8(平裝)

1.CST: 旅遊 2.CST: 希臘

749.59　　113004200